Leanne Payne

Krise der Männlichkeit

Mit einem Geleitwort von Roland Werner

Aussaat Verlag

Titel der Originalausgabe:
Crisis in Masculinity

Erschienen bei Crossway Books
als Teil der Good News Publishers
Wheaton, Illinois 60187, USA
ISBN 0-86054-680-2
Diese Ausgabe wurde in Zusammenarbeit
mit Good News Publishers veröffentlicht.

Aus dem Amerikanischen von Luise Eidenmüller und Roland Werner.

Titelgestaltung: Meussen/Künert, Essen
Titelfoto: © tony stone worldwide / Laurie Rubin
Satz: Knipp EDV-Satz, Wetter
Druck: Breklumer Druckerei Manfred Siegel KG
Printed in Germany
ISBN 3-7615-4838-9

Zum Gedenken an
KARL STERN
- den großartigen Arzt und Wissenschaftler -
in Dankbarkeit für sein Buch
«The Flight from Woman» (Die Flucht vor der Frau),
das für mich zu einem «Engel der Bestätigung» wurde
und mir die Gewißheit gab, daß ich mit dem,
was ich gelernt und geschrieben habe,
nicht allein dastehe.
Ich hoffe und bete,
daß dieser Klassiker wieder aufgelegt wird.

Und noch einem großartigen Menschen
sei dies Buch gewidmet,
einer Frau, die ihr Leben
der Bestätigung anderer gewidmet hat,
zu denen auch ich gehöre:
meiner Tante
MARY RHODA HEGBERG

Inhalt

Zum Geleit

O du unendliche Liebe! Wenn ich schlafe, wachst du, und wenn ich wache, machst du, daß das Schlechte zu dem noch Besseren wird, als das Richtige gewesen wäre. Und ich kann mich nur über dich verwundern, du unendliche Liebe!

Søren Kierkegaard

Was will dieses Buch?

Das ist die Erfahrung, die Leanne Payne in ihrem Buch vermitteln will: Die Liebe Gottes verwandelt, erneuert und heilt die Menschen.

Leanne Payne berichtet von Menschen in Krisen, von Männern und Frauen, deren Lebensmöglichkeiten eingeschränkt, abgeschnitten und verkümmert sind, die in Identitätskrisen stekken, aus denen sie aus eigener Kraft nicht mehr herausfinden, und die erleben, wie eine Berührung durch die Kraft und die Liebe Gottes ihnen neue Perspektiven aufzeigt und einen neuen Start ins Leben ermöglicht.

Und die das erfahren, staunen wie Kierkegaard über die unendliche Liebe eines Gottes, der alles verwandeln und alles zum Guten kehren kann, dem kein Ding unmöglich ist, dessen Liebe Vergangenheit, Gegenwart und Zukunft umfaßt.

Wer ist Leanne Payne?

Als Seelsorgerin ist Leanne Payne vor allem in der angelsächsischen Welt bekannt. Auf ihren Seelsorgekonferenzen in vielen Ländern und durch ihre Bücher haben unzählige Menschen Hilfe und Heilung erfahren. Selbst in der anglikanischen Kirche beheimatet, erstreckt sich ihr Wirkungsbereich quer durch die traditionellen Kirchen und neuen Gemeinden. Als C.S. Lewis-Forscherin schöpft sie in ihrer Symbolsprache immer wieder aus dem Werk des großen christlichen Schriftstellers. Aus der charismatischen Erneuerungsbewegung nimmt sie viele Impulse für ihre seelsorgerliche Praxis.

Aufgewachsen in den Südstaaten der USA, erlebte sie in jungen Jahren schmerzlich das Zerbrechen ihrer eigenen Ehe. Deshalb ist es für sie keine Theorie, was sie über Lebenskrisen schreibt. In einem intensiven Prozeß des Betens und Hörens auf Gott erfuhr sie innere Heilung, die sie nun weitergeben will.

Zentralbegriffe dieses Buches

Zum besseren Verständnis der Aussagen dieses Buches ist es vielleicht hilfreich, sich die Grundvoraussetzungen und zentralen Begriffe zu verdeutlichen, von denen Leanne Payne in ihrer Seelsorgearbeit ausgeht. Dabei können diese kurzen Erläuterungen nur erste Hinweise sein, vieles wird erst im Zusammenhang des Buches sowie im Rückgriff auf ihr Buch «Das zerbrochene Bild» deutlich.

Männlich – weiblich

Wo Leanne Payne im Englischen von «masculine» und «feminine» spricht, haben wir in der deutschen Fassung oft «männlich» und «weiblich», manchmal aber auch «maskulin» und «feminin» übersetzt. Das hat seinen Grund darin, daß nach Leanne Paynes Auffassung die Begriffe «maskulin» und «feminin» nicht nur Geschlechtsunterscheidungen beschreiben, sondern letztlich – wie alles in der Schöpfung – ihre Wurzel und Quelle in Gott haben. Anders ausgedrückt: sie haben zusätzlich zur immanenten (diesseitigen, innerweltlichen) eine transzendente (jenseitige) Bedeutung und Wirklichkeit. Männlichkeit und Weiblichkeit sind in Gott verwurzelt. Aus diesem Grund sind Verleugnung oder Verlust der Männlichkeit (und der Weiblichkeit) so gravierend, und zwar sowohl auf der persönlichen als auch auf einer gesamtgesellschaftlichen Ebene. Wenn also in der vorliegenden Übersetzung von «Maskulinität» bzw. «Femininität» die Rede ist, so sollte damit mehr die transzendente Dimension ausgedrückt werden; die Begriffe «Männlichkeit» und «Weiblichkeit» hingegen umschreiben die konkrete Lebenssituation des einzelnen Menschen.

Nach Leanne Paynes Auffassung sind viele einzelne Männer sowie die westliche Kultur als ganze von einer Krise der

Männlichkeit betroffen. Der Mann hat den ungebrochenen Kontakt mit seiner eigenen männlichen Identität, die vor allem vom Vater her vermittelt wird, verloren. Die Weitergabe des Männlichen, die Bestätigung des Sohnes als Mann durch den Vater, ist gestört, und deshalb ist der Mann auch abgeschnitten von dem transzendenten Maskulinen, von der ewigen schöpferischen Initiative, von der Kraft, zu benennen und zu gestalten. In ähnlicher Weise – und teilweise als Folge davon – geraten auch immer mehr Frauen in Identitätskrisen. Männliches und Weibliches sind aus dem Gleichgewicht geraten, in der Gesellschaft und im Individuum, beim Mann und bei der Frau.

Nach Leanne Paynes Überzeugung müssen sowohl Männer als auch Frauen zu einem ausgewogenen inneren Gleichgewicht des Maskulinen und Femininen gelangen, um heil zu sein. Sie meint damit nicht, daß es keine Unterschiede zwischen Männern und Frauen geben dürfe, sondern im Gegenteil, sie hält gerade die Verwischung der Gegensätze und den Verlust des spezifisch Männlichen beim Mann und des spezifisch Weiblichen bei der Frau für Hauptsymptome von Identitätskrisen. Ebenso meint sie nicht, daß Männer und Frauen eigentlich bisexuell sind, wie manche Modeströmungen in der Psychologie uns glauben machen wollen.

Vielmehr will sie sagen, daß wir Menschen, Männer und Frauen, in einen inneren Kontakt mit dem konkreten Männlichen und Weiblichen sowie dem absoluten Maskulinen und Femininen treten müssen, um ganz so zu werden, wie Gott uns meint. «Maskulin» und «feminin» stehen hier für sie als Symbole für Grundstrukturen innerhalb der Schöpfung und des Willens Gottes. Das Maskuline versteht sie als die Fähigkeit des Menschen (des Mannes und der Frau!), zu initiieren, in Gang zu setzen, zu erforschen und zu gestalten. Das Feminine ist die Fähigkeit zu hören, zu empfangen, zu antworten. Im Verhältnis zu Gott sind wir in diesem Sinne alle feminin. Auf ihn müssen wir hören, von ihm müssen wir empfangen, auf ihn müssen wir eingehen und antworten, wenn wir leben wollen. Im Verhältnis zur Welt sind wir maskulin, von Gott geschaffen und beauftragt, zu gestalten, zu bewahren, zu erforschen und zu benennen. Indem Männer und Frauen geheilt werden – in der Begegnung mit Gott –, wird auch ihr Zusammenleben geheilt. Und von diesem Heilwerden der Männlichkeit und der Weiblichkeit handelt Leanne Paynes Buch.

Symbolische Verwirrung

Dies ist ein weiterer Begriff, der einer kurzen Erläuterung bedarf. «Männlich» und «weiblich» sind nicht nur Realitäten im Diesseits, sie sind auch Symbole für eine transzendente Wirklichkeit. Als solche haben sie einen tiefen Bedeutungs- und Wahrheitsgehalt. Wo sie in der Wahrnehmung verwischt werden (wie im Falle eines Mannes, der seine eigene Männlichkeit nicht wahrnehmen kann), kommt es zu dem, was Leanne Payne eine symbolische Verwirrung nennt. Werden die Symbole, die in uns selbst und in der ganzen uns umgebenden Schöpfung liegen, nicht mehr eindeutig wahrgenommen, besteht für den Menschen die Gefahr, die Wirklichkeit nicht mehr angemessen zu erfassen. Geht einem einzelnen oder einer Gesellschaft die Sicht dafür verloren, was das Wesen von Mann und Frau ausmacht, so geht gleichzeitig auch die Fähigkeit zur angemessenen Gestaltung dieser Welt verloren.

Auf der Ebene der Geschlechtsidentität bedeutet dies, daß ein Mann sein eigenes Mannsein oder eine Frau ihr eigenes Frausein nicht mehr wahrnehmen kann. Dann ist es ihm – oder ihr – auch nicht mehr möglich, das andere Geschlecht als ergänzendes Gegenüber, als das andersartige Gleiche zu begreifen, das es nach Gottes Plan für uns sein soll. Dann kann ein Mann nicht nur sich selbst nicht mehr als Mann wahrnehmen, sondern auch eine Frau nicht mehr als Frau erkennen. Dann werden Eros und Ehe, Liebe und Treue unmöglich. Im Hören auf Gott, im inneren Schauen auf seine Realität kann die Heilung der verwirrten Symbole geschehen. Ein Schlüssel dafür liegt in der inkarnatorischen Realität.

Inkarnatorische Realität

Wenn ich Leanne Payne recht verstehe, geht sie – wie C.S. Lewis – davon aus, daß die Menschwerdung Jesu (Inkarnation) das eigentlich große Heilsgeschehen ist, durch das die Erlösung am Kreuz erst möglich wurde. Gott kommt ins Fleisch, er inkarniert (verkörpert) sich in Jesus von Nazareth. Er wurde anfaßbar, konkret: «Das Wort wurde Fleisch und zeltete unter uns, und wir sahen seine Herrlichkeit, die Herrlichkeit des eingeborenen Sohnes vom Vater, voller Gnade und Wahrheit» (Joh. 1,14). Erlösung der Welt, Befreiung von den Mächten des Bösen, Heilung von Krankheiten sind ganz konkrete Wirklichkeit aufgrund der Inkarnation. Sie sind nicht nur ein abstrakter Gedanke. Ebenso ist Gottes Handeln heute gekennzeichnet von der Realität der Inkarnation. Ganz konkret redet Gott, ganz spezifisch und persönlich. Ganz konkret heilt Gott, bis in die Ebene der seelischen und körperlichen Verwundungen hinein. Anders gesagt: Gottes Handeln ist immer inkarnatorisch. Er kommt nahe, nahe im Wort der Schrift, im Gebet, in der Taufe, in den Gaben von Brot und Wein, im Gottesdienst der Gemeinde, in der Anbetung und in der segnenden Auflegung der Hände. Mit dem Begriff der inkarnatorischen Realität möchte Leanne Payne alle Vergeistigungen und rationalistischen Verflüchtigungen des Handelns Gottes abwehren. Gott ist konkret, er redet konkret, er kommt und heilt konkret, wo er Menschen berührt.

Hörendes Gebet

Ich möchte noch – stellvertretend für andere sicher ebenso wichtige Aspekte – kurz auf dieses für Leanne Payne zentrale Mittel des geistlichen Lebens und der Seelsorge eingehen. Weil Gott redet, können wir hören. Um zu leben und Heilung zu erfahren, müssen wir hören. Wir müssen lauschen auf das heilende Wort, das Gott immer spricht. Hörendes Gebet ist der Schlüssel für die Heilung der Identitätskrise. Denn Gott will das Wort, das uns heilt, das uns befreit und uns in unserer Identität als Personen, als Männer und Frauen bestätigt, in unser Herz hineinsprechen. Organ des Hörens, Zielpunkt des Wortes ist dabei nicht nur das äußerliche Gehör oder der Verstand des Menschen, sondern das, was Leanne Payne – in Anlehnung an die biblische Symbolsprache – das Herz nennt. Im Herzen, im Zentrum unserer Person hören wir das heilende Wort. Und wenn wir es hören, werden wir gesund. Im Neuen Testament finden wir viele Beispiele dafür, wie Jesus direkt das Herz, das Personzentrum des Menschen, anspricht. Und es wird deutlich, daß er, um das Herz zu erreichen, die symbolische Sprache gebraucht, die sich direkt an die Vorstellungskraft des Herzens wendet. Seine Gleichnisse, seine Bilder, seine Worte zielen nicht nur auf den Verstand des Menschen, sondern auf sein Inneres.

Gegen Ende seines Lebens hat Karl Barth einmal auf die Frage, wie er zum Glauben gekommen sei, auf das geistliche Kinderlied hingewiesen, das er von seiner Mutter gelernt hatte: «Weil ich Jesu Schäflein bin ...»

In der Symbolsprache des einfachen Kinderliedes, über das der Verstand lachen mag, hatte er in seinem Herzen etwas von der Treue und Zuwendung Gottes erfaßt und durch sein Leben hindurch festgehalten.

Leanne Payne geht es um die Wiedergewinnung der Ebene des Herzens als Ort, wo wir Gottes Wort aufnehmen – nicht nur in Worten, sondern auch in Bildern und Symbolen. Durch die Übermacht einer alles Bildhafte und Geheimnisvolle verdrängenden Fixierung auf Rationalität hat nicht nur der Glaube schweren Schaden erlitten (so daß heute ein «aufgeklärter» Mensch nicht mehr an Wunder glauben kann oder will), sondern auch der einzelne, dem die Fähigkeit verlorengegangen ist, auf Gott zu hören. Um Heilung in der Identitätskrise zu erfahren, ist es jedoch notwendig, daß Männer und Frauen wieder lernen, mit ihrem Herzen auf Gott zu hören. Erst dann wird es ihnen möglich werden, Gott zu lieben von ganzem Herzen, von ganzer Seele, von allen Kräften und von ganzem Gemüt (vgl. Lk. 10, 27).

Was ich mir erhoffe

In meiner eigenen seelsorgerlichen Tätigkeit erlebe ich fast täglich, welches Ausmaß die «Krise der Männlichkeit» bei vielen jungen und älteren Männern und Frauen tatsächlich erreicht hat. Und ich erfahre immer wieder, wie sehr Menschen auf der Suche sind nach Heilung und Hoffnung, wie sehr viele versucht sind, ganz am Leben und an sich selbst zu verzweifeln.

Deshalb freue ich mich um so mehr über den Dienst von Leanne Payne. Denn hier wird ein Weg gezeigt, der gangbar ist. Mag auch manches, was in diesem Buch berichtet und dargestellt wird, neu und ungewöhnlich sein, und mag man auch an manchen Stellen anderer Auffassung sein, so nimmt das nichts von der Bedeutung und Notwendigkeit des Dargestellten.

Ich wünsche mir, daß die Impulse aus diesem Buch – wie die aus dem schon ins Deutsche übersetzten ersten Band «Das zerbrochene Bild» – vielen Menschen, die selbst in einer Identitätskrise stecken oder die anderen in einer solchen Krise zu helfen versuchen, neue Perspektiven vermitteln. Und ich bete darum und hoffe, daß viele, die Heilung und Hilfe erfahren, wiederum für andere zu Werkzeugen der Heilung und Hilfe werden. Diese Hoffnung möchte ich zusammenfassen in einem Gebet von Stephen Langton (1150 – 1228):

Komm herab, o Heilger Geist,
der die finstre Nacht zerreißt,
strahle Licht in diese Welt.
Komm, der alle Armen liebt,
komm, der gute Gaben gibt,
komm, der jedes Herz erhellt.

Höchster Tröster in der Zeit,
Gast, der Herz und Sinn erfreut,
köstlich Labsal in der Not,
in der Unrast schenkst du Ruh,
hauchst in Hitze Kühlung zu,
spendest Trost in Leid und Tod.

Komm, o du glückselig Licht,
fülle Herz und Angesicht,
dring bis auf der Seele Grund.
Ohne dein lebendig Wehn
kann im Menschen nichts bestehn,
kann nichts heil sein noch gesund.

Was befleckt ist, wasche rein,
Dürrem gieße Leben ein,
heile du, wo Krankheit quält.
Wärme du, was kalt und hart,
löse, was in sich erstarrt,
lenke, was den Weg verfehlt.

Gib dem Volk, das dir vertraut,
das auf deine Hilfe baut,
deine Gaben zum Geleit.
Laß es in der Zeit bestehn,
deines Heils Vollendung sehn
und der Freuden Ewigkeit.
Amen. Halleluja.

In diesem Sinne wünsche ich dem Buch von Leanne Payne einen guten Weg. Ein Dank an alle, die die Veröffentlichung mit ermöglicht haben: Luise Eidenmüller für die Erstfassung der Übersetzung, Markus Eidenmüller für die Hilfe bei der Endfassung und der Leitung des Aussaat Verlags für die Bereitschaft, dieses Buch zu veröffentlichen.

Roland Werner
Im Frühsommer 1991

Einführung

Zum Schreiben dieses Buches wurde ich dadurch veranlaßt, daß ich entdeckte, wie viele Männer in bezug auf ihre Männlichkeit mehr oder weniger unsicher sind. In meinem Buch «Das zerbrochene Bild» habe ich mich zu dem Problem der unterdrückten oder unbestätigten Männlichkeit geäußert, wie sie sich in der homosexuellen Störung ausdrückt. Aber die homosexuelle Störung ist nur eine von verschiedenen Arten, wie sich dieses vielschichtige und weitverbreitete Problem männlicher Identität äußert. Mein Ziel mit dem vorliegenden Buch besteht darin, aufzuzeigen, wie das Problem in anderen Erscheinungsformen auftritt und wie die darunter leidenden Menschen geheilt werden können, und zwar im Zusammenhang mit dem Gebet um persönliche Heilung. Darauf soll der Schwerpunkt dieses Buches liegen, denn es besteht ein überwältigender Bedarf an Hilfestellung, wie man um innere Heilung betet, und die positiven Auswirkungen solcher Gebete sind sehr groß.

Außerdem möchte ich einige psychologische, historische und philosophische Gründe für diesen zunehmenden Schaden in unserer Kultur herausarbeiten, der in seinem Ausmaße schon Züge einer Epidemie erreicht hat und den ich «Krise der Männlichkeit» nenne. Und schließlich möchte ich das Wesen des Maskulinen an sich untersuchen, zumindest einen Teil seiner psychologischen, philosophischen und theologischen Wurzeln. Natürlich werde ich auch auf das Feminine eingehen, denn man kann unmöglich das eine ohne das andere betrachten. Wie schon der Mythos in Platons Symposion ganz richtig erzählt, gehören das Maskuline und das Feminine ursprünglich zusammen und sind letztlich untrennbar.

Als ich kürzlich vor einer Gruppe über das psychologische Problem unterdrückter und unbestätigter Maskulinität bei Männern sprach, wurde ich von einer Frau unterbrochen, die sich eifrig zu Wort meldete. «Ich glaube nicht, daß es jemanden gibt, der genau weiß, was Maskulinität ist», rief sie. Sie hatte recht. Wir sind an einem Punkt angelangt, an dem jemand, der über das «Maskuline» und das «Feminine» schreibt oder spricht, zuerst erklären muß, daß mit «maskulin» und «feminin» nicht unbedingt die biologischen Merkmale von Mann und Frau gemeint sind. Ein Aspekt des Maskulinen und des Femininen ist, daß sie zwei sich ergänzende Pole innerhalb jeder menschlichen Psyche sind. Wie immer man sie nennen mag oder was immer man darunter versteht, das Maskuline und das Feminine im Mann und in der Frau brauchen Anerkennung, Bestätigung und Ausgewogenheit.

Was man heute Gemütskrankheit oder seelische Labilität nennt, ist oft nur unbestätigte Maskulinität oder Femininität, die Unausgewogenheit der beiden Aspekte in einer Persönlichkeit. «Nur» ist immer ein gefährliches Wort, wie C.S. Lewis einmal gesagt hat, und es ist sicherlich auch hier gefährlich, wenn man nicht klar erkennt, welche möglicherweise verhängnisvollen Folgen die Unausgewogenheit des Maskulinen und Femininen auf die Gesundheit eines Individuums, einer Gesellschaft, ja sogar auf eine ganze Kultur haben kann. Und schließlich muß man, gemeinsam mit Karl Stern, noch hinzufügen, daß die Sexualität wie «jede empirische Tatsache ihr Jenseits enthält». Maskulinität und Femininität haben sowohl gänzlich transzendente wie auch psychische Dimensionen. Geschlecht als entscheidender Teil des wahren Selbst und der Persönlichkeit hat seine Wurzeln letztlich in Gott. Es hat Zeiten gegeben, in denen ein ernsthaft von seiner maskulinen Seite oder von seiner Identität losgelöster Mann ein seltener pathologischer Fall war. Männer, die von ihren Vätern oder den Männern der Gemeinschaft, in der sie lebten, Bestätigung erfahren hatten, waren im allgemeinen dazu bereit und fähig, zu Ehemännern, Vätern und Führungspersönlichkeiten heranzureifen. Im sicheren Besitz ihrer geschlechtlichen Identität handelte die große Mehrheit aller Männer sozusagen «aus ihrer Brust heraus», aus einem Herzen, das befreit war von den Gesetzlichkeiten der Kindheit, dem Narzißmus der Adoleszenz und dem Perfektionismus eines Erwachsenen, der vergeblich Selbstannahme oder Bestätigung durch seine Eltern sucht. Was einst die seelische Ausnahme war, ist leider in unserer heutigen Kultur ein herrschender Faktor. Heute gibt es nur wenige Männer, die *in ihrer Männlichkeit* ausreichend bestätigt sind; viele leiden unter einer pathologischen Trennung von ihrer maskulinen Seite.

Auch wenn ein großer Teil dieses Buches von der Heilung von Männern handelt, möchte ich der *Leserin* versichern, daß sie nicht vergessen worden ist. Gott hat den Menschen, Mann und Frau, nach seinem Bilde geschaffen (1. Mose 1,26-27).

Obwohl die geschlechtliche Identität der Frau auf wunderbare Weise weiblich ist, ist die Frau trotzdem auch eine «Männin». Es gibt heute Frauen, die von der Vorstellung einer Eingeschlechtlichkeit befreit werden müssen, einer Vorstellung, die ihre Geschlechtsidentität verwässert oder die sie sogar daran hindert, ihre unbestätigte feminine Seite anzunehmen und sie in ihre Persönlichkeit zu integrieren. Solche Frauen brauchen eher mehr Kontakt zu ihrer femininen als zu ihrer maskulinen Seite (siehe die Geschichte von Judith S. 119 ff). Um eine ausgewogene, heile Persönlichkeit zu werden, muß die Frau nicht nur in ihrer Weiblichkeit bestätigt werden, sondern auch das Männliche in ihr muß anerkannt, ins Lot gebracht und, wenn nötig, gestärkt werden.

Die Männer befinden sich heute jedoch in einer weit größeren Krise. Wenn die Männer geheilt werden, wird das die Heilung der Frauen ganz natürlich nach sich ziehen. Dafür gibt es einen wichtigen Grund: Es ist der Vater (oder jemand, der seine Aufgabe übernimmt), der seine Söhne und Töchter in ihrer geschlechtlichen Identität und deshalb auch als *Personen* bestätigt, denn die geschlechtliche Identität ist ein lebenswichtiger Teil unseres Personseins. Männlichkeit ist, wie wir noch sehen werden, nicht etwas, das man lernen kann, sondern vielmehr eine Eigenschaft, die man «schmecken», erleben muß. Das Maskuline in uns wird durch das Maskuline außerhalb unserer selbst hervorgerufen und gesegnet. Auf diese Weise wird es beauftragt zu existieren, zu wachsen und zu reifen. Verallgemeinernd könnte man sagen, daß wir es heute mit einer Generation von Söhnen zu tun haben, deren Väter schon seit mehreren Generationen nicht als Männer bestätigt worden sind. Ein in seiner Maskulinität unbestätigter Vater kann auch seinen Sohn nicht ausreichend in seiner Maskulinität bestätigen.

Eine unweigerliche und ernst zu nehmende Konsequenz unbestätigter Männlichkeit beim Mann besteht darin, daß er an mangelnder Selbstachtung leidet. Er ist dann unfähig zur Selbstannahme. Wenn Männer sich nicht selbst annehmen können, geht ihnen mehr oder weniger die Fähigkeit verloren, sich wie richtige Väter, Ehemänner oder Führungspersönlichkeiten zu verhalten. Also mindestens Teilaspekte ihrer Persönlichkeit bleiben unreif, sie werden zunehmend passiv und unfähig, mit Kreativität und Mut die erforderlichen Veränderungen in die Wege zu leiten, um sich und ihre Familien aus den unvermeidbaren Schwierigkeiten des Lebens wieder herauszuholen, die das Leben mit sich bringt.

Die Kraft dazu steckt zwar in ihnen, und die männlichen Fähigkeiten und Gaben sind vorhanden, aber sie sind nicht durch Bestätigung zum Leben erweckt worden.

Wir alle kennen das Märchen von Dornröschen, die durch den Kuß eines Prinzen wieder zum Leben erweckt wird. Das ist einerseits ein wunderbares Bild dafür, wie der Vater die weibliche Seite in seiner Tochter bestätigen kann, und andererseits auch für die bleibende Kraft des männlichen Prinzen, die Schönheit und die Begabung des Weiblichen wertzuschätzen und zu bestätigen.[1]

In unserer Zeit fehlen uns die schöpferischen Bilder, die wir brauchen, um auszudrücken, was mit einem Jungen geschieht, wenn sein Vater sich liebevoll über ihn beugt und seine ihm innewohnende Männlichkeit mit den richtigen Worten und Gebärden zum Leben erweckt. Die männliche Kraft des Vaters, ruhig und stark wie ein Baum, schützt und nährt den zarten Keim der Männlichkeit in seinem Sohn. Auf diese ganz natürliche Art wird Männlichkeit erfahren und weitergegeben.

Auch wenn die Mutterliebe und die Bestätigung des Sohnes oder der Tochter durch die Mutter in vielerlei Hinsicht wichtig ist, so kann sie doch letztlich ihrem Sohn nicht vermitteln, daß er ein Mann ist, und ihrer Tochter nicht, daß sie eine Frau ist. Es gibt eine Reihe von Gründen dafür, warum nicht sie, sondern nur der Vater (oder ein Vaterersatz) Söhne und Töchter in ihrer geschlechtlichen Identität und deshalb auch als Personen bestätigen kann. Der wichtigste ist, daß wir in der Pubertät und Adoleszenz auf die *männliche Stimme* hören. Die starke männliche Liebe und Bestätigung, die wir in dieser Stimme vernehmen, überzeugt uns darin, daß wir wirklich und endgültig von unseren Müttern getrennt sind. Bei unserer Geburt wissen wir nicht, daß wir eine von ihr getrennte Person sind. Wenn wir je zu einer Art Wohlbefinden gelangen und zu einem sicheren Bewußtsein unseres Seins, dann durch ihre Liebe oder die Liebe einer Person, die an ihrer Stelle für uns da war. Wenn wir uns in ihre Arme gekuschelt haben, dann wurden ihre Augen zur Nabelschnur zu dem lebenspendenden Kanal der Liebe, durch den wir in unserem Sein bestätigt wurden, und wir begannen zu begreifen, daß wir von ihr getrennte, wertvolle, eigenständige Wesen waren. Mit anderen Worten: Wir haben uns langsam an die schwierige Aufgabe gemacht, unsere Identität von der ihren zu trennen.

Die Krise der Männlichkeit besteht nun darin, daß diese Trennung und Bestätigung der Identität heute nicht mehr stattfindet. Wir gehen aus Pubertät und Adoleszenz nicht als bestätigte Personen hervor. Schon seit langem weisen Psychologen darauf hin, daß die Entwicklung von der Kindheit bis zur reifen Persönlichkeit viele Schritte der psychischen Entwicklung umfaßt; wenn wir einen dieser Schritte auslassen, bekommen wir Schwierigkeiten. Im Idealfall erfolgt der Schritt der Selbstannahme unmittelbar nach der Pubertät. Der Schlüssel zur Bewältigung dieses Schrittes liegt in der Liebe und Bestätigung durch einen heilen Vater. Genauso entscheidend wie die Rolle der Mutter in den ersten Monaten des Lebens ist, so entscheidend ist die des Vaters in dieser späteren Phase. Mag die Mutter in psychologischer und geistlicher Hinsicht noch so heil sein, sie kann die Lücke, die ein fehlender Vater hinterläßt, nicht füllen.

Der Vater muß gar nicht im wörtlichen Sinne abwesend sein, um im Leben eines Kindes zu fehlen. Wir alle kennen den Vater, der so sehr mit seinem Beruf beschäftigt ist, daß er keine Zeit für seine Kinder hat. Dann gibt es Väter, die zwar da sind, sich aber lieblos und distanziert verhalten, oder die schwach und selbst unbestätigt in ihrer Persönlichkeit sind und deshalb auch nicht in der Lage, ihren Kindern Bestätigung zu geben. Es soll jedoch nicht unerwähnt bleiben, daß für einen solchen Bruch zwischen Eltern und Kindern nicht immer nur die Eltern verantwortlich sind. Es gibt viele Väter und Mütter, die selbst heile Persönlichkeiten sind und auch für ihre Söhne und Töchter da sein wollen, die ihre Kinder jedoch an eine Kultur verloren haben, die junge Menschen ermutigt, ihre Bestätigung und Annahme nur bei ihren Altersgenossen zu suchen.

Was wir selbst nicht besitzen, können wir auch nicht an die nächste Generation weitergeben. Unbestätigte Männer sind unfähig, ihre Söhne und Töchter auf angemessene Weise als Männer und Frauen und damit auch in ihrem Personsein zu bestätigen. Erst wenn die Männer wieder im Besitz dieser lebenswichtigen Fähigkeit sind, werden die Frauen nicht mehr vergeblich versuchen, diese Lücke zu füllen, und aufhören, ihrem Schmerz und ihrer Verwirrung darüber Ausdruck zu verleihen.

Es herrscht also ein überwältigendes Ausmaß an Verwirrung in bezug auf die geschlechtliche Identität. Wenn Männer Heilung erfahren, ist auch der Weg für die Ganzwerdung der Frauen offen. Wenn die Männer jedoch nicht anfangen, sich als

Männer selbst zu finden, wird die Verwirrung hinsichtlich der Geschlechtsidentität in gleichem Maße bald auch die Frauen erfassen.

Das Buch beginnt mit der Geschichte von Richard, einem vielschichtigen und ernsten Fall. Die Geschichte veranschaulicht, welches Ausmaß an Schmerz ein begabter junger Mann erleben kann, wenn er von einem lebenswichtigen Teil seiner selbst getrennt ist. Seine Geschichte macht außerdem die unglaubliche Freude deutlich, die entsteht, wenn ein Mensch mit der transzendenten Maskulinität in Berührung kommt, einer Maskulinität, die ihn wieder mit der eigenen Männlichkeit in Berührung bringt.

1 Wenn ein Mann neben sich selbst herläuft

Jeder Mensch hat ein Zentrum, in dem und durch das Gott wirkt. Zu diesem Zentrum spricht er; durch dieses Zentrum handelt er. Wenn der Mensch sein eigenes göttliches Zentrum entdeckt, steht er am Anfang eines kraftvollen Lebens.

John Gaynor Banks, The Master and the Disciple

Noch niemals habe ich das getan – aus meinem Leben herauszusteigen in ein Nebenher und mich selbst so zu sehen, als wäre ich nicht am Leben. Tun das in deiner Welt alle, Piebald?

C.S. Lewis, Perelandra

Als ich mich gerade zum Frühstück hinsetzen wollte, rief John an, ein guter Freund und Mitarbeiter. Seine sonst fröhliche Stimme klang kummervoll und gedämpft. Er war sehr in Sorge um einen Kollegen. Am Abend vorher hatte er erfahren, daß Richard dringend Heilungsgebet brauchte. Richards Probleme schienen John von um so größerer Bedeutung zu sein, als er sie niemals bei ihm vermutet hätte. Er war er ein bekannter bildender Künstler, dessen Glaube aus seiner Kunst hervorzustrahlen schien. Alle sahen in ihm den beispielhaften Ehemann und Vater und das treue Gemeindeglied. Richard brauchte sofort Hilfe und Heilung, das spürte ich aus Johns dringendem Ton.

Am Abend vorher hatte Richard John sein Herz ausgeschüttet und dabei zum ersten Mal einem Menschen die unheimlichen, fast höllischen Dinge bekannt, die in seinem Leben vor sich gingen. Er erzählte John von den finsteren Zwängen, die ihn allnächtlich auf die Straßen einer großen Stadt hinaustrieben, um dort dunkle, ja kriminelle Dinge zu tun. Richard war pornographiesüchtig. Wenn er in den Pornoshops herumlief, suchte er häufig homosexuelle Begegnungen. In seiner Ehe hatte er sexuelle Probleme. Obwohl er sie von Herzen liebte, spürte seine Frau, daß er sie nicht wirklich begehrte. Und wenn sie sich liebten, fühlte sie sich vergewaltigt und verletzt. Standhaft widersetzte sie sich seinem Wunsch, um das Ehebett herum Spiegel anzubringen.

In seinem vor der Öffentlichkeit verborgenen Leben trank Richard viel, und zwar regelmäßig so viel, daß er nichts mehr mitbekam und sich übergeben mußte. Bei mehreren solcher Gelegenheiten hatte er sich exhibitioniert. Einmal hatte er sogar versucht, ein junges Mädchen zu vergewaltigen. Nachdem er eines Nachts knapp einem Mordanschlag entgangen war und ein anderes Mal beinahe Selbstmord begangen hätte, schloß er sich den Anonymen Alkoholikern an. Das war der erste Schritt zur Wende in seinem Leben, denn jetzt konnte er aufhören zu trinken. Er erkannte aber, daß Pornographie und Homosexualität ihn nun noch stärker im Griff hatten. Später sagte er einmal: «Ich spürte meine inneren Alarmsignale stärker denn je. Ich wußte, daß es in mir einen Riß gab, der sich erst zu einer großen Spalte erweitert hatte und nun zur Schlucht zu werden drohte. Und ich wußte, daß ich die beiden Teile nicht länger zusammenhalten konnte.» Was es mit diesem «Riß» auf sich hatte und was dieser mit seiner Pornographiesucht und seinen homosexuellen Neigungen zu tun hatte, wurde schnell offenbar, als Richard zum Heilungsgebet zu mir kam. Sein Grundproblem war nicht seine «Bisexualität» im heute geläufigen Sinne dieses Wortes (als Bezeichnung für jemanden, der von Männern und Frauen gleichermaßen sexuell angezogen ist und mit beiden sexuelle Beziehungen hat) oder seine «Homosexualität». Sein wirkliches Problem bestand vielmehr darin, daß er von seiner Männlichkeit abgespalten war und als Folge dessen auch von seinem wahren Selbst. Im traditionellen und besten Sinne des Wortes ist «der Mensch in seiner Ganzheit bisexuell».[1] Das heißt, der Mensch hat in sich zumindest die Urelemente des Männlichen und des Weiblichen. Im biblischen Schöpfungsbericht heißt es, daß Adam als *Mann und Frau* nach Gottes Bild geschaffen wurde, *bevor* Eva aus dem Körper Adams genommen wurde (1. Mose 1,27). *Beide zusammen* bilden also Gottes Ebenbild. (Der Ehestand ist in der jüdisch-christlichen Tradition die symbolische Wiederherstellung dieses Zustandes, der bipolaren Natur des Menschen.) Die Abspaltung von seiner Männlichkeit hatte bei Richard im Alter von nur drei Jahren angefangen.

Wie sieht das aus, wenn man einem wichtigen Teil seiner selbst entfremdet ist – seiner geschlechtlichen Identität mit all ihren mächtigen archetypischen Symbolen im Unbewußten und im Herzen? Psychologisch betrachtet, bedeutete diese Abspaltung von seiner Männlichkeit für Richard, daß ihm die Fähigkeit fehlte, sich selbst *als Mann* zu sehen und anzunehmen. Seinem inneren Bild von sich selbst fehlte etwas Entscheidendes. Wie wenn ein Mensch mit Zahnlücken lächelt und dabei die leeren Stellen sichtbar werden, so enthielt auch das Bild, das er von sich selbst hatte, dunkle Stellen. Er trug in seinem Herzen keine Bilder von sich selbst als Mann und als in sich wertvolles Individuum. Ein Mensch, der sich seiner eigenen geschlechtlichen Identität sicher ist, nimmt solche sowohl symbolischen als auch realistischen Bilder seiner selbst als selbstverständlich hin, häufig bemerkt er sie auch gar nicht. Aber in Richard war eine eigenartige Leere, ein Vakuum, das er mit einem ungesunden Phantasieleben auszufüllen versuchte. Dieses Phantasieleben ergab, zusammen mit den Bildern, die aus seiner ungeheilten Psyche aufstiegen, symbolische Bilder seiner geschlechtlichen Verwirrung.

Für Richard gab es keine Möglichkeit, sein Leben aus dem Zentrum heraus zu leben, in das er Christus hineingebeten hatte, denn er war ein Mensch, der sich schon lange selbst entfremdet war. Statt aus dem Zentrum seines Wesens heraus zu leben, lebte er wie ein schuldbewußtes Kind nach einem Gesetz, das er nie ganz erfüllen konnte; aus der Ichbezogenheit eines Heranwachsenden, der sich ängstlich dauernd selbst beobachtet, und aus dem Perfektionismus eines Künstlers, der verzweifelt kämpft, um seinen eigenen Wert immer wieder von neuem zu beweisen. Sein Leben war gespalten. Er lief wirklich neben sich selber her.

Es gibt unzählige Männer, die mehr oder weniger die gleiche schmerzliche innere Geschichte erleben wie Richard. Der eine lebt sie als Don Juan aus, der zwanghaft Frauen verführen muß. Ein anderer ist ein zwanghafter Lügner und Angeber, um sich selbst zu bestätigen, ein dritter hat chronische Angst davor, seiner Begabung gemäß eine Führungsrolle zu übernehmen oder seinem Auftrag gemäß die Wahrheit zu sagen und wahrhaftig zu handeln. Ein anderer wiederum ist einfach gefangen im Sumpf seiner stumpfsinnigen, passiven Einsamkeit. Er leidet unter seiner sensiblen, aber zu stark entwickelten weiblichen Seite. Sie alle, unbestätigt in ihrer Männlichkeit, sind gefangen in ihrer Unfähigkeit, sich selbst anzunehmen. Und infolgedessen sind sie unfähig, ihre Kinder in ihrer geschlechtlichen und personalen Identität zu bestätigen.

An diesem ersten Tag, als Richard zu mir gekommen war, hatte er keine wirkliche Einsicht in das Wesen seines Problems. Er wußte nur, daß er innerlich gespalten war und daß er sehr schwerwiegende Probleme hatte. Stück für Stück erzählte er mir seine ganze Geschichte.

2 Ein Mann in der Krise: Richards Geschichte

Das Himmelreich ist nahe herbeigekommen.

Matthäus 10,7

Richards dunkle Augen wirkten in seinem blassen Gesicht noch größer, als ich bei seinem ersten Besuch die Tür öffnete und ihn begrüßte. Seine gespannten Züge gaben ein beredtes Zeugnis seiner Furcht vor dem, was in seinem Leben nicht in Ordnung war und was die nächste Stunde ihm bringen würde. Er entspannte sich aber bald, und bevor die Dinge, die ihn so belasteten, aus ihm herauszusprudeln begannen, nahm ich seine Hände in meine und bat unseren heiligen, vergebenden Gott um seine Gegenwart.

Dieses Anrufen seiner Gegenwart ist es, was das Gebet um Heilung für die Seele von psychologischen oder anderen Formen der Seelsorge unterscheidet. Auf diese Weise werden wir unmittelbar und vollständig in das verborgene Königreich hineingenommen, und wir werden uns dieses Königreiches noch bewußter, wo wir als Christen leben, uns bewegen und das Leben finden. Wir befinden uns dann in diesem unsichtbaren Königreich, und der König selbst kümmert sich um seine Erben. Richard war gekommen, um sein Leben, sein Selbst zu finden. Er war gekommen, um die Befreiung seines wahren Selbst aus dem Griff des alten, zwanghaften, falschen Selbst zu erleben und frei und ohne Zwänge handeln zu können. Meine Aufgabe bestand darin, den *wirklichen* Richard zu sehen, ihn in die Gegenwart Jesu zu bringen und als Werkzeug zu dienen, durch welches der Heilige Geist dieses wahre Selbst aus seinen Fesseln befreien konnte.

Als wir in der Gegenwart des Herrn still wurden, betete ich (wie ich es immer tue) etwa so: «Herr, wir danken dir, daß du hier bist. Bring du jetzt aus Richards Herz und seiner Erinnerung genau die Dinge hervor, über die wir sprechen müssen. Und gib mir, Herr, Ohren, zu hören, was du sagst; Augen, zu sehen, was du siehst; einen Mund, der das sagt, was du sprichst. Und, Herr, wir danken dir jetzt schon, daß du deinen Diener heilst und reinigst.»

Auf diese Weise wird das *Erzählen* der Lebensgeschichte nicht nur ein Teil des Heilungsprozesses, sondern ein wirkliches, wahres *Offenbaren*. Denn ohne Gottes Hilfe können wir unsere wahre Lebensgeschichte gar nicht erzählen. Richards eigene Worte, mit denen er später unsere gemeinsam verbrachte Zeit beschrieb, veranschaulichen, was geschehen kann, wenn wir unserer eigenen Geschichte «zuhören» in der Gegenwart dessen, der selbst die Wahrheit ist: «Jedesmal, wenn ich einen weiteren Schritt auf meinem schrecklichen Weg in die Tiefe schilderte, war es mir, als ob ich eine Verletzung, die mich gequält hatte, oder einen Stein in ein tiefes, stilles Wasser warf – und siehe, sie waren weg.»

Das erste Gebet mit Handauflegung

In der Gegenwart Jesu wird die Zeit, die wir zusammen verbringen, in ein lockeres, aber wirkungsvolles «Beichtgeschehen» verwandelt. Und deshalb schweifen wir auch nicht auf Wege, die nirgendwohin führen. In Richards Fall war das Bedürfnis, das zu bekennen, was sein Gewissen am meisten belastete, so akut, daß wir mit dem Schuldbekenntnis und der Vergebung der Sünden begannen, deren er sich am schmerzhaftesten bewußt war, bevor wir auf seine persönliche Geschichte kamen.

Damit Ruhe und Frieden in sein Herz einkehren konnten, begann ich das Gebet mit dem Auflegen der Hände und der Bitte um Befreiung und Heilung seines Denkens – die Befreiung von der Finsternis, die ihn niedergedrückt und sein Denken in ihren zwanghaften Abläufen gefangengehalten hatte. Wir baten das heilende Licht Christi, in ihn hineinzufließen und die Finsternis zu vertreiben. So bekam er die Freiheit, Schritt für Schritt jene Sünden und Zwänge loszulassen, deren er sich am meisten schämte. Damit seine Seele und die ganze Vorstellungskraft seines Herzens an diesem Loslassen teilhatte, bat ich ihn, die Augen zu schließen und sich den sterbenden Christus am Kreuz vorzustellen, der durch seinen Tod diese Sünden und Krankheiten auf sich nahm. Damit er seinen Körper, ebenso wie seinen Geist und die Seele, voll einbringen konnte, bat ich ihn, die Hände mit den Handflächen nach oben auszustrecken zu dem hin, den er nun mit den Augen seines Herzens sah. Er tat das voller Freude und ganz rückhaltlos, und dann «sahen» wir, wie eine dunkle Sache nach der anderen in den Körper unseres Herrn floß, nachdem sie benannt und bekannt worden war. Dann sagte ich ihm die volle Vergebung Gottes zu und bat den Heiligen Geist noch einmal, in ihn hineinzuströmen und all die dunklen Stellen in seiner Seele, wo die Sünden und Zwänge gewesen waren, mit seinem Licht zu erfüllen.

Als Richard später über dieses erste Sündenbekenntnis schrieb, beschrieb er das Geschehen folgendermaßen: «Leanne betete mit mir, und zusammen kamen wir in Gottes Gegenwart. Ich bekannte ihm alles ... Er nahm alle meine Sünden, er vergoß sein Blut über sie, und sie waren weg.»

Bei dieser ersten Beichte wurde seine große Sorge über die sexuelle Beziehung zu seiner Frau deutlich. Er erzählte mir, daß er sie darum gebeten hatte, Spiegel um das Bett herum aufzustellen, sie sich jedoch geweigert hatte, und daß er doch – obwohl er es ihr gegenüber nicht hatte zugeben können – diese Spiegel brauchte, um überhaupt «sexuell funktionsfähig» zu sein. Schon das allein machte mir deutlich, daß Richard von seiner Männlichkeit absolut abgeschnitten war. Er gab zu: «Ich muß so tun, als sei ich ein anderer Mann, um meine Frau überhaupt körperlich lieben zu können.» Richard brauchte pornographische Phantasien und sein eigenes Bild im Spiegel, um überhaupt sexuell zu funktionieren.

Mir war klar, was wir an Verdrängtem in seinen Erinnerungen finden würden: die Geschichte eines Jungen, der von seiner Männlichkeit abgespalten war und diese nun verzweifelt suchte. Ich wußte auch, daß diese Erinnerungen die seelischen Wunden hinter der schmerzhaften Abspaltung von seiner eigenen Geschlechtsidentität aufdecken würden. Aber bevor ich anfing, um die Heilung seiner Erinnerungen zu beten, bat ich ihn, mir seine Lebensgeschichte zu erzählen und bei seiner Kindheit zu beginnen. Unterbrochen von einzelnen Fragen meinerseits entfaltete sich folgendes Bild:

Richards Lebensgeschichte

Richard war im konservativen mittleren Westen der Vereinigten Staaten aufgewachsen. Sein Vater hatte ihn und seinen jüngeren Bruder regelmäßig zum Gottesdienst und zur Sonntagsschule in eine Baptistengemeinde mitgenommen. Er war, wie

Richard sich ausdrückte, «ein strenger und sehr entschlossener Gentleman», der wenig sprach und unermüdlich war, wenn es darum ging, die vielen Hindernisse zu überwinden, die auf seinem Weg zu einem eher geringen Erfolg lagen. Er wäre gern Fußballtrainer geworden, aber diesen ehrgeizigen Plan hatte er aufgeben müssen, als er vor dem Collegeabschluß mit Richards Mutter durchgebrannt war. Er war Teilhaber einer Firma geworden, um genügend Geld für sich und seine Frau zu verdienen. Er arbeitete immer noch in derselben Firma, inzwischen allerdings als Geschäftsführer. Richards Meinung nach hatte er aber für diese Stellung teuer bezahlen müssen. In den ersten zehn Jahren ihrer Ehe hatten er und Richards Mutter bei deren Eltern gelebt, weil sie sich keine eigene Wohnung hatten leisten können. Voller Trauer sprach Richard über die gescheiterten Pläne seines Vaters: «Sein Universitätsstudium hat er nicht beendet, er ist kein Trainer geworden, und aus keinem seiner Söhne ist ein Sportler geworden. Die deutlichste Erinnerung an Vater ist die, wie er vor dem Fernseher sitzt und ein Fußballspiel verfolgt, während er grübelnd und still Pfeifenqualm in die Luft bläst.»

Richards Mutter stammte aus einer ziemlich reichen und angesehenen Familie. Seit Generationen gab es in der Familie bedeutende Künstler und Politiker. Später im College hatte Richard jedoch herausgefunden, daß all diese «berühmten» Familienmitglieder im persönlichen und beruflichen Bereich gescheitert waren, nachdem sie zu Geld und Ehren gekommen waren. Eine war nach einer internationalen Karriere als Künstlerin einsam und völlig mittellos als Alkoholikerin gestorben. Andere waren tablettensüchtig geworden. Nach Richards Aussagen hatte seine Mutter die hochempfindsame künstlerische Veranlagung, aber auch den selbstzerstörerischen Wesenszug, die sich beide in ihrer Familie fanden, geerbt. In seiner Stimme lag Schmerz, als er erzählte, wie seine Mutter den Lebensstil einer reichen Frau pflegte, ohne jedoch über die dazugehörigen Mittel zu verfügen. «Sie kochte selten selber die Mahlzeiten, für die Putzarbeiten hatten wir immer Mädchen, und an Weihnachten gab es jedes Jahr Tränen, weil sie keinen neuen Nerz bekommen hatte.» Während der letzten zehn Jahre hatte sie unter Valiumeinfluß und mit Bluthochdruck so viel Zeit im Bett verbracht, daß sie zunehmend verwirrt war. Sie konnte nicht mehr Auto fahren, war unfähig, ihren Namen oder einen vollständigen Satz zu schreiben, und war als «geisteskrank» diagnostiziert worden.

Während Richards Kindheit und seiner frühen Jugend hatte sein Vater regelmäßig viel getrunken. Als er älter geworden war, hatte Richard bemerkt, daß das Grübeln seines Vaters über das eigene Versagen und seine Enttäuschung über die Lebensumstände wie eine dunkle Wolke über der ganzen Familie hing. In dieser allgemein negativen Lebenshaltung ließ er nie auch nur andeutungsweise durchblicken, daß er Freude an der ehelichen Gemeinschaft mit seiner Frau hatte. Im Gegenteil, er riet seinen Söhnen, möglichst lange mit dem Heiraten zu warten, da, wie er sagte, das Verliebtsein ohnehin bald vorüber wäre. Der Grund für sein früheres Trinken schien die Enttäuschung über sich und seine Ehe zu sein.

Richard erinnerte sich an einen schrecklichen Abend, als sein Vater stockbetrunken aus dem Auto gestiegen und einfach umgefallen war. Seine Mutter hatte den Vater angeschrien, doch wenigstens Rücksicht auf die Kinder zu nehmen, und hatte es schließlich irgendwie geschafft, ihn ins Haus zu schleppen. «Vater sah mich an und schämte sich entsetzlich. Dann schlich er sich davon ins Schlafzimmer, während meine Mutter die Schnapsflasche im Waschbecken ausleerte.»

Als Richard diese alten Erinnerungen hervorkramte, kam ihm auch eine wirklich fürchterliche Begebenheit wieder ins Bewußtsein, die ihm im Alter von vier Jahren passiert war. Ein älterer Junge hatte ihn vergewaltigt, und er hatte es nie fertiggebracht, mit irgend jemandem darüber zu sprechen. Irgendwie war jedoch sein älterer Bruder dahintergekommen und hatte den Jungen davongejagt, aber erst, nachdem der Junge Richard mehrmals Gewalt angetan hatte. Die rektale Penetration war, wie Richard sagte, «furchterregend und widerlich gewesen». Diese verdrängte Erinnerung hatte bis etwa sechs Monate vor unserem ersten Treffen in seinem Unterbewußtsein existiert. Sie hatte sich mit aller Macht wieder in sein Bewußtsein gedrängt, als er und seine Frau ihrem kleinen Sohn einen Einlauf hatten machen müssen. Richard gestand mir, daß er sich schon als sehr kleiner Junge «kastriert, entmannt, schwach, schwul und verdreht» gefühlt habe. Mir schien diese Erinnerung besonders wichtig, weil homosexueller Mißbrauch, der ein ungeheiltes und ungelöstes Trauma, ein schlimm verwundetes Selbstgefühl und schreckliche Schuldgefühle nach sich zieht (weil man, zwar unfreiwillig, aber eben doch bei diesem Akt mitgemacht hat), beim Opfer die Angst bewirken kann, es sei homosexuell. Daraus kann sich dann offene Homosexualität entwickeln.[1]

Es gab noch weitere Erinnerungen, die in seinem Bewußtsein nagten und ebenfalls der Heilung bedurften, Erinnerungen, die möglicherweise andere grundlegende Traumata für Richards spätere homosexuelle Zwänge enthielten. Er erinnerte sich beispielsweise daran, daß seine Mutter (vielleicht unter Medikamenteneinwirkung) tagsüber nur spärlich bekleidet und mit entblößten intimen Körperteilen dagelegen hatte. Einmal hatte er einen kleinen Freund mit nach Hause gebracht, der einen regelrechten Schock erlitten hatte, als er Richards Mutter schlafend, in Embryohaltung mit entblößten Genitalien hatte daliegen sehen. Der Böse benutzt Vorfälle wie diese – besonders wenn ein Elternteil daran beteiligt ist – in ähnlicher Weise, wie er pornographisches Material benutzt. Der Schock öffnet die geistlich unreife und ungeschützte Seele für dämonische Bedrängnis in Form von Versuchung und Anklage. Ich wußte, daß die von Richard genannten Erinnerungen mit Sicherheit alle des Heilungsgebets bedurften.

Während Richards Lebensgeschichte sich weiter vor uns entfaltete, wurde auch klar, daß sein Gefühl, «kastriert, entmannt, schwach, schwul und verdreht» zu sein, zum einen ständig durch seinen Vater verstärkt worden war, der Distanz zu ihm hielt, und zum anderen auch durch die Mutter, die ihn, wenn sie überhaupt ihre Mutterrolle wahrnahm, extrem verhätschelt hatte. Für sie war er ein hilfloses, schmerzendes Anhängsel ihrer selbst gewesen, eines Selbst, das narzißtisch, depressiv und völlig passiv war.

Deshalb hatte Richard sich unsicher gefühlt, seit er denken konnte, und schon in der Grundschule hatte sein heroischer, aber erfolgloser Kampf begonnen, sich von der geschlechtlichen Identität seiner Mutter zu befreien. Es gelang ihm, Verhaltensmuster zu entwickeln, innerhalb derer er sich dann bemühte, Dinge zu erreichen, die Befriedigung und Bestätigung seiner Männlichkeit versprachen (aber nicht halten konnten). Später in der Oberschule war er innerlich zu übermäßiger Leistung getrieben, um das, was er als Makel oder Mangel an sich selbst empfand, zu kompensieren. Deshalb lernte er oft die halbe Nacht, um überall die besten Noten zu bekommen. Er trat allen möglichen Clubs bei und meldete sich immer als erster für schwierige Aufgaben. Diese Anstrengungen schienen seinem Vater zu gefallen, und deshalb wurde der ohnehin ehrgeizige Richard immer konkurrenzbetonter.

Seine Jugendzeit bezeichnete er als «furchtbar». Während dieser Zeit entdeckte er auch, daß er nicht zum Sportler geboren war. «Mein Vater sagte mir, ich müßte groß und schnell sein, um American Football spielen zu können; ich war weder das eine noch das andere. Ich war am Boden zerstört. Dann probierte ich es mit dem Basketballteam unserer Gemeinde, aber auch das war ein Fiasko. Dann versuchte ich es wieder mit dem Lernen, um wenigstens auf einem Gebiet hervorragend zu sein, aber hinter jedem Erfolg, den ich erreichte, lauerte dieser Riß, von dem ich wußte, daß er dem Druck auf die Dauer nicht standhalten würde.» In dieser Zeit entdeckte Richard seine künstlerische Begabung, und er erhielt viel Lob und Anerkennung dafür. Aber weder sein Talent noch das Lob halfen ihm, sich als vollwertiger Mann zu fühlen.

Damals wurde die Selbstbefriedigung zu einem schlimmen Problem für ihn. Er hatte dies Problem bereits seit einiger Zeit, allerdings unterschiedlich intensiv. Schon damals waren die Phantasien, die er dabei hatte, homosexueller Natur gewesen. Ihn stimulierten nicht attraktive Frauen, sondern gutaussehende, athletische Männer. Der Riß in seinem Inneren «vergrößerte sich und wurde zur Schlucht».

«Nach außen war ich der beliebte, christliche Musterschüler, der Freunde und auch Verabredungen mit Mädchen hatte. Ein Jahr war ich fest mit einer Schönheitskönigin befreundet (Richards Mutter hatte auch einmal einen Schönheitswettbewerb gewonnen). Jeder wußte, daß eine vielversprechende Zukunft vor mir lag, aber tief in meinem Inneren war mir nur eins ganz klar: Ich wollte mich wie ein wirklich starker Mann fühlen. Ich nahm an einem Bodybuilding-Kurs teil, bekam eine gute Figur und fing an, schon morgens vor den Vorlesungen lange Strecken zu laufen.» Aber das alles half Richard nicht, sich in seinem Mannsein besser zu fühlen. «Wenn ich mit einem Mädchen verabredet war, achtete ich darauf, beim Austausch von Zärtlichkeiten nicht zu weit zu gehen. Intensive Küsse waren das äußerste, denn ich hatte schreckliche Angst, daß sie dann vielleicht Sex mit mir haben wollte und ich mich dabei als Versager erweisen könnte.»

An diesem Punkt unterbrach ich ihn in seinem Bericht, um ihm den «kannibalischen Zwang» zu erklären, wie ich es nenne. Denn genau das war der Hauptantrieb für Richards homo-

sexuelle Phantasien. Wenn mir ein Mann erklärt, daß er einen anderen Mann sehr begehrt, dann frage ich ihn sofort: «Was genau bewundern Sie an diesem Menschen? Sagen Sie mir spontan, was Ihnen dabei einfällt!» Und in Fällen wie dem von Richard bewundern sie an dem anderen Mann immer ihre eigenen unbestätigten Wesensmerkmale, die Züge, von denen sie getrennt sind, die sie bei sich selbst nicht sehen können und deshalb auch nicht als Teil ihres eigenen Wesens akzeptieren können. Diese Eigenschaften haben sie auf die andere Person projiziert.[2]
Wenn mir ein Betroffener sagt, was er am anderen Mann bewundert, frage ich ihn: «Wissen Sie, warum Kannibalen Menschen essen?» Wenn er den Kopf schüttelt – jeder ist mehr oder weniger erstaunt über diese Frage –, sage ich ihm, was mir einmal ein Missionar erzählt hat: «Kannibalen essen nur die Menschen, die sie bewundern, und sie essen sie, *um in den Besitz ihrer Eigenschaften zu kommen.*» Wer es fertigbringt, eine Geisteskrankheit vorzutäuschen oder irgendeine andere unerwünschte Eigenschaft, landet nicht im Kochtopf.

In seinen Phantasien sah Richard den Teil seiner selbst, von dem er entfremdet war, in idealisierter Form. Für ihn wurde dieser Teil durch einen sexuell aktiven und athletischen Typ verkörpert. Er schaute andere Männer an und liebte an ihnen den verlorenen Teil seiner selbst, seine leider nicht bestätigte Männlichkeit, die er deshalb bei sich nicht erkennen und akzeptieren konnte. Homosexuelle Aktivität ist deshalb oft nur ein verkehrter Versuch – auf die falsche Art, wie es die Kannibalen tun –, die Eigenschaften der eigenen Persönlichkeit in sich aufzunehmen, von denen man entfremdet ist. In Wirklichkeit ist es also eine Form von Selbst-Liebe oder Narzißmus. Es fiel Richard nicht schwer zu erkennen, daß dies auf ihn zutraf.

Als er achtzehn Jahre alt war, übereignete Richard sein Leben Jesus Christus in der Hoffnung, dadurch wie durch einen Zauber seine innere Unsicherheit und seine Masturbationsprobleme loszuwerden. Ein paar Jahre stürzte er sich fast zwanghaft in eine christliche Studentenarbeit, so daß er abends viel zu müde war, um sich unsicher zu fühlen oder auch zu masturbieren. Aber dann war ihm plötzlich die Puste ausgegangen. «Ich hatte Angst, mich so nur von meinen Unzulänglichkeiten abzulenken, statt mich ihnen zu stellen. Aber an wen wendet man sich, wenn man es mit Christus schon versucht hat? Sobald ich in meinen christlichen Aktivitäten nachließ, kamen die homosexuellen Impulse wieder, ebenso der Wunsch, Frauen zu belästigen, und das Verlangen nach Alkohol, um meinen Kummer zu betäuben. Wie ein hinterhältiges Ungeheuer lauerte dies alles auf mich. Bin ich denn kein Christ? Kann Christus diese ungeordneten Gelüste nicht überwinden?» fragte sich Richard ständig.

Er sollte auf wunderbare Weise durch die heilende Gegenwart Gottes erleben, wie schnell Christus diesen inneren Abgrund, unter dem er so lange gelitten hatte, wirklich heilen konnte. Richard fuhr also in dem Bericht seiner qualvollen Lebensgeschichte fort.

In Richards letztem Collegejahr kam ein guter Freund, ein Christ, der Sportler und Künstler war, zu ihm, um über schmerzliche emotionale Probleme zu sprechen. Zuerst gab ihm Richard gute Ratschläge und tröstete ihn, aber plötzlich fanden die beiden sich zusammen im Bett wieder. «Ich konnte mir damals keine schlimmere Verzweiflung vorstellen als die, die wir empfanden, aber sie sollte doch noch eintreten. Wir waren beide so schockiert, daß wir glaubten, so etwas könnte uns kein zweites Mal passieren – aber es geschah trotzdem, sogar mehrmals. Schließlich beichteten wir dies einigen Christen, die angeekelt reagierten. Ihre Reaktion half uns, aufzuhören.»

Nach diesen Erlebnissen hielt Richard eine Heirat für die Lösung seines Problems. Vielleicht, so dachte er, hatte er bei all seinen christlichen Aktivitäten seine Sexualität zu sehr verdrängt, so daß sie bei dieser ersten Gelegenheit nicht mehr zu bremsen gewesen war. Als er sich in seine zukünftige Frau verliebte, konnte er wieder – wohl in Erwartung der abzusehenden Lösung – das Masturbieren und die homosexuellen und anderen pornographischen Bilder lassen.

Es fiel Richard besonders schwer, über den folgenden Teil seiner Geschichte, nämlich über seine Ehe, zu berichten, weil er seine Frau wirklich liebte und Achtung vor ihr hatte. «Ich habe eine wunderschöne, charmante Christin geheiratet, die ich damals wirklich geliebt habe und die ich auch heute noch liebe. Aber in unserer Hochzeitsnacht kam diese innere Spaltung in mir ans Licht. Als wir uns auszogen, packten mich Panik und Entsetzen, sie würde jetzt herausfinden können, daß ich sie nicht wie ein normaler Mann begehrte. Sofort stellte ich mir besonders männliche Männer vor und brachte es dann auch fertig, den Liebesakt auszuführen.»

Dann berichtete Richard wieder von seiner Suche nach neuen Pornoheften, um irgendwie Phantasien und Vorstellungen zu haben, die er mit ins Bett nehmen könnte. «Ich wollte einen Spiegel in unserem Schlafzimmer haben, damit ich uns beim Sex beobachten und das ganze quasi stellvertretend erleben konnte.»

Er war aber nicht imstande, seiner Frau zu gestehen, daß er so tun müsse, als sei er ein anderer Mann, um sie lieben zu können, und seine Schuldgefühle darüber wuchsen ins Unermeßliche. Er konnte nicht mehr weiterleben mit dieser Vortäuschung, denn er kam sich seiner Frau gegenüber wie ein feiger Betrüger vor. Er fand heraus, daß das beste Mittel gegen das Schuldgefühl ein doppelter Manhattan war, und damit begann ein Teufelskreis: Weil er sich unfähig fühlte, mit seiner Frau zu schlafen, griff er zur Pornographie als Hilfe; dann brauchte er Alkohol, um sein Schuldgefühl zu betäuben; durch den Alkoholmißbrauch wuchs sein Schuldgefühl jedoch immer weiter an, und dies wiederum führte zu einem noch stärkeren Gefühl der Unfähigkeit.

In den ersten Jahren seiner Ehe zog diese Spirale ihn wie ein Strudel immer weiter nach unten. In seinem Beruf herrschte ein gnadenloser Konkurrenzkampf, und das Unvorhergesehene war dort das Alltägliche. Auch dort versuchte er verzweifelt, sich als Mann zu beweisen. Nachdem er sich ein paar Jahre bemüht hatte, allen Ansprüchen gerecht zu werden, begann er nach der Geburt seines Sohnes, seine Phantasien außerhalb der Ehe auszuleben. Damals hatte er sich unter Alkoholeinfluß exhibitioniert und versucht, ein junges Mädchen zu vergewaltigen. Er fing an, tagelang bis zum Erbrechen und zur Bewußtlosigkeit zu trinken, und suchte homosexuelle Kontakte in Pornoshops. Als die Spirale ihn immer tiefer nach unten zog, wäre er zunächst fast einem Mord zum Opfer gefallen, dann versuchte er in völliger Verzweiflung, sich das Leben zu nehmen. Auch seine Ehe war jetzt ernsthaft gefährdet, aber irgendwie war es ihm gelungen, beruflich und gesellschaftlich seinen Ruf zu wahren.

Nach dem Selbstmordversuch wandte er sich an die Anonymen Alkoholiker und fand dort Hilfe. «Als ich zu den Anonymen Alkoholikern ging», sagte er, «kam es mir vor, als führe ich von der Autobahn herunter, um in langsamer Fahrt Hilfe zu suchen, nachdem ich mit 170 km in der Stunde mit einem kaputten Reifen durch die Gegend gerast war. Die neu gefundene Nüchternheit und die Konfrontation mit der Wirklichkeit hatten etwas, das mich sehr erfrischte und glücklicher machte als je eine

Erfahrung zuvor.» Richard war klar, daß er immer noch schwerwiegende Probleme hatte, aber während der nächsten anderthalb Jahre gab er sich damit zufrieden, diese unter der Rubrik «Alkoholismus» einzuordnen, denn solange er nüchtern war, fühlte er sich sicher. Eine Zeitlang ging es auch mit seiner Ehe bergauf. Er hatte sogar wieder Spaß an seiner Arbeit, und er begann, sich seinen Problemen zu stellen – einem nach dem anderen.

Wer vom Alkohol loskommen will, muß zuerst lernen, sein Problem nicht mehr zu verleugnen. Diese Lektion lernte Richard bei den Anonymen Alkoholikern. Er wußte auch, daß er mit sich selbst auf brutale Weise ehrlich sein mußte und daß eine Flucht vor seinen Problemen nur eine andere Art von Betäubung bedeutete. Deshalb faßte er den Mut, seiner inneren Einsamkeit ins Gesicht zu sehen und die beängstigenden Fragen in seinem Inneren zur Kenntnis zu nehmen. Statt vor ihnen davonzulaufen, stellte er sich ihnen jetzt, und er fing an, sich selbst viele Fragen zu stellen: «Wenn Alkoholismus grundsätzlich eine körperliche Krankheit ist, war dann mein Betrunkensein Sünde oder Krankheit? Was kann ich noch tun, wenn Homosexualität eine biologisch festgelegte Veranlagung ist?»

Etwa zu dieser Zeit erfolgte bei Richards Mutter die Diagnose, sie sei geisteskrank, und er stellte sich nun die Frage: «Bin ich dazu verurteilt, mein Leben so wie sie und ihre Vorfahren zu beenden, die alle eine Zeitlang kreativ und erfolgreich waren und sich dann am Ende selbst zerstörten? Ist das gemeint, wenn es heißt, für die Hölle bestimmt zu sein?» Er fragte sich auch: «Warum habe ich solche Angst vor der Zukunft? Werde ich mich je über Menschen freuen können, statt dauernd unter dem Zwang zu leben, ihnen beweisen zu müssen, was für ein toller Kerl ich bin? Bin ich manisch-depressiv? Sind die Anonymen Alkoholiker nicht mehr als eins von vielen anderen Hilfsangeboten? Warum habe ich solche Angst davor, den Leuten bei den Anonymen Alkoholikern von meinen homosexuellen Erfahrungen zu erzählen? Warum gibt es niemanden, dem ich meine ganze Lebensgeschichte erzählen könnte?»

Richard wußte genau, daß sein sexuelles Problem noch nicht gelöst war, sondern daß es sich, im Gegenteil, wieder verschlimmerte. Außerdem wußte er, daß Alkoholismus nach Auffassung der Anonymen Alkoholiker keine Sünde ist, sondern eine Krankheit. Er fürchtete nun, daß sie auch seine Homosexualität als biologisches Problem betrachten würden und daß es dann für ihn und seine Ehe keine Hoffnung mehr gäbe. Er wußte aber auch, daß es die Anonymen Alkoholiker waren und nicht seine Gemeinde, die ihn vom Rande der totalen Selbstzerstörung zurückgeholt hatten. «Ich wußte noch nicht, an wen ich mich mit meinen Fragen wenden sollte, aber daß ich fähig war, endlich fähig war, diese Fragen überhaupt zu stellen, erfüllte mich mit einer besonderen Freude.»

«Ich glaube, dies war die erste Phase einer Beichte», sagte Richard später, «ich trank meine Probleme nicht mehr unter den Tisch, sondern stellte mich ihnen und war bereit, mit den Konsequenzen zu leben, wie auch immer sie aussehen mochten.»

Richard stellte sich ehrlich der Tatsache, daß er immer nur von männlichen Körpern stimuliert worden war. Er stellte sich auch der Tatsache, daß die sexuelle Beziehung zu seiner Frau nur eine, wie er wörtlich sagte, «oberflächliche Illusion» war, die er jedoch unbedingt aufrechterhalten wollte, weil er seine Frau so sehr liebte. Darum griff er wieder zu pornographischen Bildern und Filmen, um sexuell funktionieren zu können, in der Meinung, dies sei vergleichsweise harmlos, wenn er es nur schaffte, nüchtern zu bleiben.

Der Riß in seinem Inneren erweiterte sich jedoch, und «ich spürte deutlicher als je zuvor Signale der drohenden Gefahr». Daß er wieder Pornographie konsumierte, war der Tropfen, der das Faß zum Überlaufen brachte. Langsam glitt Richard durch den Riß in seiner Seele hinab in die Hölle eines Selbst ohne Gott. Unfähig, sich nach irgendeinem Halt auszustrecken, wußte er, daß er nicht länger in dieser Lüge leben konnte. Er konnte seine Frau nicht länger betrügen. Er mußte ihr sagen, daß er als Mann sexuell nicht mehr funktionierte und daß er nicht mehr imstande war, dem Druck standzuhalten, das Familienoberhaupt zu sein. Aber er zögerte vor dieser Konsequenz, denn er liebte seine Familie und seine christlichen Freunde, und er hatte Angst, sie zu verlieren.

In seiner Verzweiflung dachte er, daß Gott ihn vielleicht von Anfang an gehaßt und ihn wie Esau zu einem Leben der persönlichen Qual durch seine Perversion und seine innere Zerrissenheit bestimmt hätte.

Richard ist endlich fähig, seine Geschichte zu erzählen

An diesem Punkt der Verzweiflung war Richard ein Rettungsseil in Gestalt meines Freundes John zugeworfen worden.

Später nannte er das «den Anfang des wundersamen Teils» seiner Geschichte:

«Ich lernte einen Mitchristen kennen, mit dem zusammen ich eines Abends eine Tasse Kaffee trank. Ich sah ihm ins Gesicht und wußte, daß ich ihm alles erzählen konnte, was ich je getan oder gefühlt hatte. Dieses Gefühl hatte ich zum ersten Mal in meinem Leben, und ich glaube, das geschah durch Gottes Gnade. Ich fing an, ihm meine Geschichte zu erzählen. Er reagierte darauf mit einer ungeheuren Liebe, viel Mitgefühl, großer Geduld und, was das Wichtigste war, einer Art göttlicher Alarmiertheit ... Ich konnte es seinem Gesicht ablesen, und er fand schließlich auch die Worte, mir zu sagen, daß Gott dieses Ungeheuer in mir vernichten und mich heilen würde – und daß ich in erster Linie seinen Heiligen Geist bräuchte.»

John hatte ihn sofort zu mir zum Gebet um Heilung geschickt. Richard fand es bemerkenswert, daß er jetzt innerhalb weniger Stunden zum zweiten Mal jemandem seine Lebensgeschichte erzählt hatte.

Jetzt waren wir soweit, für die Heilung von Richards Erinnerungen zu beten, dafür, daß er fähig würde, die männliche Seite seiner selbst, von der er so schmerzlich entfremdet war, zu erkennen, sie anzunehmen und sie in sich zu integrieren, ebenso wie für die Heilung seines männlichen Willens. Das ist sicher kein geringes Gebetsanliegen; aber Gott ermutigt uns ja immer wieder, große Gebete zu beten, Gebete, die ein ganzes Leben umfassen oder sogar die ganze Erde, auf der wir leben.

Die Heilung von Erinnerungen

Die Heilung von Erinnerungen ist der Zuspruch der Vergebung der Sünden auf der Ebene des «tiefen Herzens» (oder des Unbewußten), der Ebene, so muß ich hinzufügen, auf die die Vergebung immer schon in gleicher Weise ausgerichtet war. Agnes Sanford hat diesen Begriff zu einer Zeit geprägt, als durch eine sehr formelle kirchliche Beichtpraxis wenig Heilung geschah, weil man die zentrale Wahrheit von Gottes Sündenvergebung mit den anderen großen geistlichen Realitäten vom Reich Gottes in den Bereich des Abstrakten abgeschoben hatte. Die Köpfe der Pfarrer waren so sehr mit den gängigen psychologischen Theorien angefüllt, daß für das Wissen um Gottes Kraft, die zu den Kranken und bußfertigen Menschen fließen kann und muß, kein Platz mehr war. Und so sieht es oft auch heute noch in der kirchlichen Seelsorge aus. Agnes Sanford sagt ganz klar:

«Die Wahrheit ist, daß jede seelische Wunde, die so tief ist, daß wir sie durch noch so gründliche Selbsterforschung und Gebete nicht heilen können, zwangsläufig mit einem unterbewußten Wissen um Sünden verbunden ist, entweder unserer eigenen Sünden oder unserer schmerzlichen Reaktionen auf die Sünden anderer.

Man kann die Therapie zur Heilung solcher tiefen Wunden Sündenvergebung nennen oder auch Heilung der Erinnerungen. Aber wie man es auch benennen mag, viele von uns haben so tiefe Wunden, daß sie nur durch die Vermittlung eines anderen Menschen geheilt werden können, vor dem wir unseren Kummer offen darlegen können.»[3]

«Vermittlung» bedeutet hier nicht, daß wir das Problem analysieren, daß wir uns hineinfühlen oder daß wir versuchen, dem Betroffenen zu einem besseren Gefühl über sich selbst zu verhelfen. Es ist damit vielmehr die Vermittlung des Priesteramtes gemeint, des Amtes, das den heilenden Christus in die Erinnerung hineinbringt; des Amtes, das dem Leidenden hilft, seine Sünden zu bekennen oder einem, der gegen ihn gesündigt hat, zu vergeben; des Priesteramtes, das die Vergebung Gottes so verkündet, daß auch das Unbewußte es aufnehmen kann.

König David verstand gut, worum es bei dieser Art von Heilung geht:

«Ich bekannte dir meine Sünde, und meine Schuld verhehlte ich nicht. Ich sprach: Ich will dem Herrn meine Übertretungen bekennen (indem ich meine Vergangenheit vor ihm entfalte, bis alles gesagt ist). Dann vergabst du mir (auf der Stelle) die Schuld meiner Sünde» (Psalm 32,5).

Es gibt drei Haupthindernisse bei der Erlangung der persönlichen Reife, zu der wir berufen sind. Das erste Hindernis ist unsere *Unfähigkeit, anderen zu vergeben*, das zweite, *selbst Vergebung anzunehmen*. Beides macht die Heilung der Erinnerungen nötig. Oft zeigt sich diese Unfähigkeit in ganz speziellen Situationen; also müssen wir in bestimmten Erinnerungen nach ihnen suchen. Im Gebet durchleben wir diese Erinnerungen nochmals. Diesmal allerdings in der Gewißheit, daß Christus bei uns ist, uns die Sünden vergibt und uns die Fähigkeit schenkt, denen zu vergeben, die an uns schuldig geworden sind. Manchmal brauchen wir die Befähigung, die Lebensumstände eines längeren Zeitabschnitts, vielleicht sogar des ganzen Lebens, das uns so tief verletzt hat, in die Vergebung einzubeziehen.

Manchmal liegen die Erinnerungen, die der Heilung bedürfen, so weit zurück, daß sie uns gar nicht bewußt sind. Aber warum sollte Gott mich zwar von einem Trauma heilen, an das ich mich erinnern kann, nicht jedoch von einem, das vor meiner Geburt, während meiner Geburt oder in den ersten Lebensmonaten geschehen ist? Aus Erfahrung wissen wir, daß Gott solche Urtraumata nicht nur heilen *kann*, sondern daß er sich über die Heilung solcher Urtraumata freut, ganz gleich, zu welcher Zeit unseres Lebens sie geschehen sind.

Das dritte Hindernis zur inneren Heilung ist unsere *Unfähigkeit, uns selbst anzunehmen*, und dieses Hindernis ist das Hauptthema des vorliegenden Buches. Männer, die in ihrer Männlichkeit nicht bestätigt wurden, können sich selbst nicht annehmen.

Diese innere Blockade ist eine Sache der Einstellung, durch die wir in verschiedenem Ausmaß unreif bleiben. Es hat etwas zu tun mit krankhaften Verhaltensmustern gegenüber Gott, uns selbst und gegenüber anderen Menschen, Verhaltensmustern, die in einer Welt entstehen, in der häufig Liebe und Licht fehlen, beides Dinge, die uns als Personen bestätigen. Manchmal sind uns solche krankhaften Verhaltensmuster im Schmelztiegel von geistigem und emotionalem Schmerz und von Dunkelheit wie Brandmale in unsere Seelen gebrannt worden. Solche Hindernisse verschwinden nicht auf der Stelle, denn nachdem sie erst einmal grundlegend vom Herrn geheilt worden sind, müssen wir selbst die Verantwortung übernehmen und diese ein ganzes Leben lang geprägten Verhaltensmuster ändern.

Untrennbar mit diesen Verhaltensmustern verknüpft sind all die alten negativen Worte des Selbsthasses, der Bitterkeit und der Weigerung zu vergeben – alles Lügen der Welt, des Fleisches und des Teufels, die so lange in unseren Ohren dröhnen, bis wir ihnen *bewußt* widerstehen und sie zurückweisen. Wir müssen sie durch das heilende, lebensspendende Wort Jesu ersetzen. Hier bekommt die Heilung des *Willens* Bedeutung, denn *zuhören bedeutet gehorchen*. Während wir lernen, auf Jesus zu hören, entstehen neue und harmonische Verhaltensmuster, die uns in wunderbarer Weise hoch hinausheben können über unser altes Denken (wie auch über das des herrschenden Zeitgeistes). Diese neuen Verhaltensmuster geben uns dann die Kraft, als geistlich bevollmächtigte Männer und Frauen die negativen Verhaltensmuster zu beherrschen und zu durchbrechen, die unser Leben quälen und das Leben derer, die uns um Hilfe bitten.

Wenn wir bisher nicht fähig waren, uns selbst anzunehmen, dann ist ein Heilungs- und Lernprozeß erforderlich, der etwas länger dauert.[4]

Die Heilung der Erinnerungen jedoch, die Entfernung der ersten beiden genannten Hindernisse, kann sofort geschehen, wie bereits der Psalmist wußte. Wir können *sofort* Vergebung empfangen und von der Schuld und der Schlechtigkeit unserer Sünde befreit werden.

Die Macht der Erinnerung

Beim Gebet um Heilung der Erinnerungen zeigt sich die außerordentliche Macht des Gedächtnisses, die Vergangenheit für uns wieder gegenwärtig zu machen. Der Grund dafür besteht darin, daß Jesus, der Unendliche, der sich außerhalb der Zeit befindet und für den *alle Zeiten gegenwärtig sind*, in unsere Vergangenheit eintritt, in ein vergangenes Geschehen, das wir nur rückblickend kennen, auch wenn wir die Folgen dieses Geschehens in der Gegenwart erleben. Hier trifft die Zeitabfolge von Vergangenheit, Gegenwart und Zukunft, in der wir unsere Existenz erleben, auf besonders bedeutsame Weise mit der Ewigkeit zusammen. Das, was in uns ewig ist, nicht an die Zeit gebunden, wird entfacht. Wir erleben Vergangenheit und Gegenwart als eins – vielleicht ist das ein Vorgeschmack davon, wie wir die Zeit erleben werden, wenn wir nicht mehr an Raum, Materie und Zeit gebunden sind.

In seinem Buch «Return from Tomorrow» beschreibt George Ritchie so eine Erfahrung, als er seine gesamte irdische Lebenszeit wie durch ein Teleskop zu einem einzigen Zeitpunkt zusammengefaßt sah. Das geschah, als er, an einer doppelseitigen Lungenentzündung erkrankt, an der Schwelle des Todes stand (tatsächlich hatte man ihn schon für tot erklärt, später kam er jedoch wieder zu sich). Wie er später erzählte, fand er sich genau an diesem Punkt in der Gegenwart Christi wieder:

«Wenn ich sage, daß er alles von mir wußte, so war das schlicht eine zu beobachtende Tatsache. Denn mit seiner strahlenden Gegenwart hatte auch jede einzelne Episode meines ganzen Lebens den Raum betreten – und zwar gleichzeitig mit ihm, obwohl ich sie ja eine nach der anderen erzählen mußte. Alles, was ich jemals erlebt hatte, war einfach da, deutlich zu sehen, gleichzeitig und fließend, alles schien in diesem einen Augenblick zu passieren.»[5] Dr. Ritchie, der 27 Jahre lang als Psychiater in Virginia tätig gewesen war, fährt fort in der genauen Beschreibung seiner Erlebnisse in der Gegenwart des Einen, der ihn über «seine kühnsten Erwartungen» hinaus liebte, «der jeden bösen, selbstsüchtigen Gedanken und jede schlechte Tat seit meiner Geburt kannte und der mich trotzdem annahm und liebte». Obwohl die Geschehnisse bei der Heilung der Erinnerungen nacheinander ablaufen, werden sie von der betreffenden Person einzeln und alle mit ähnlicher Intensität erlebt.

Das Handeln des Heiligen Geistes bei der Heilung von Erinnerungen

Der wesentliche Unterschied zwischen der Heilung von Erinnerungen und psychologischen Methoden besteht im Handeln des Heiligen Geistes, der auf die *Gegenwart unseres Herrn hinweist, der da ist*. Unser Herr begibt sich sozusagen mit in die dunkelste Hölle unserer Existenz. Während sich das Drama unserer Erinnerung vor uns entfaltet, sehen wir mit den Augen unseres Herzens und werden dadurch befähigt, ihn zu sehen. Von ihm empfangen wir dann das heilende Wort, den heilenden Blick oder die Umarmung, die wir schon so lange gebraucht haben. Wir vergeben anderen die schlimmsten Sünden, die sie gegen uns begangen haben, er vergibt uns unsere Sünden, und dann empfangen wir von ihm, der die Liebe Gottes, des Vaters, selbst verkörpert, die heilende Gnade, die wir vorher nicht empfangen konnten. Wir entdecken, daß er schon die ganze Zeit mit seinem heilenden Handeln dabei gewesen ist, wenn wir nur fähig gewesen wären, zu ihm aufzusehen und die Heilung zu empfangen.

Richards Vergangenheit

Richards Leben enthielt alle klassischen Elemente, die zu einer unterdrückten Männlichkeit führen und, wie in seinem Fall, auch zu Problemen mit Homosexualität. In seiner Geschichte gab es mehr als genug Erinnerungen, in denen das Haupttrauma und die Wurzel seines Problems enthalten sein konnte. Wenn wir an die entscheidende Erinnerung (Wurzelerinnerung) kommen, können wir im Gebet die ganze kranke Pflanze ausreißen einschließlich der daraus entstandenen Traumata, die wie würgende Ranken von der einen Stelle aus in die Höhe wuchern, wo all das Schlimme seinen Anfang nahm. Es ist die Stelle, wo der Riß in der Seele angefangen hat. In Fällen, wo das ursprüngliche Trauma tief im Unbewußten unterdrückt wird, kommen zunächst die Folgetraumata zum Vorschein.[6]

Bei Richard war das allerdings nicht so. Als wir beteten und den Herrn baten, in Richards Erinnerung hineinzukommen und die Erinnerungen, die der Heilung bedurften, aufzudecken, kam als erstes die Wurzelerinnerung nach oben, die Erinnerung, mit der die Abspaltung von einem gesunden Lebensgefühl und von seiner Männlichkeit begann.

Die Wurzelerinnerung aus Richards Vergangenheit taucht auf

Richards Wurzelerinnerung war ein traumatisierender Streit zwischen seinen Eltern, bei dem Richard als kleines Kind zwischen den beiden gestanden hatte. In seiner Erinnerung entfaltete sich ein Drama, in dessen Verlauf die Mutter den kleinen Dreijährigen zum Vater hin geschubst hatte mit den Worten: «Richard glaubt nicht, daß du ihn liebst.» Als Richard diese Erinnerung jetzt noch einmal durchlebte, wurde deutlich, daß seine Mutter wütend auf seinen Vater gewesen war, weil der getrunken hatte, und daß sie Richard benutzte, um den Vater zu beschämen und ihn zu besserem Benehmen zu bringen. Auf die Manipulationsversuche seiner Frau reagierte Richards Vater, indem er das Kind *verspottete*. «Ich liebe dich», sagte er in ironischem Ton zu dem kleinen Jungen, umarmte und küßte ihn auf ärgerliche und schrecklich übertriebene Art. Dann schrie er: «Ist es *das*, was du von mir erwartest?»

Damit und mit weiteren zornigen Worten an seine Frau stieß er das abgewiesene Kind in die Arme der Frau zurück, die er verachtete. In diesem Augenblick hatte sich Richard völlig mit der weiblichen Gegenwart identifiziert, die sein Vater so sehr verachtete. Von seinem Vater auf das äußerste verletzt, spaltete er sich von der männlichen Seite ab. Die Tragödie wurde noch verstärkt durch die Tatsache, daß sein Vater die männliche Gegenwart darstellte, die ihm normalerweise hätte helfen sollen, seine sexuelle Identität von der Weiblichkeit seiner Mutter zu befreien (die in diesem Fall auch noch eine neurotische Weiblichkeit war).

Der Rest von Richards Geschichte spiegelt die gewöhnlichen unglücklichen Folgen wider, die natürlich aus einer solchen emotionalen Wunde, wie sie dem kleinen Dreijährigen an diesem Tag zugefügt wurde, entstehen. Diese Geschichte ist die Chronik seiner verzweifelten Versuche, das innere Gefühl für sein Dasein sowie seine Männlichkeit zurückzugewinnen, indem er sich um die Anerkennung als Person und als Mann durch den Vater bemühte.

In der Erinnerung Christus sehen

Als die Wurzelerinnerung zutage kam, wurde Richard wieder zu dem kleinen dreijährigen Jungen. An diesem Tag mußte der kleine Junge in ihm geheilt und auf den richtigen Weg gebracht werden. Es war der kleine Junge in ihm, der danach groß und stark werden würde, seiner eigenen geschlechtlichen und persönlichen Identität gewiß. Deshalb bat ich ihn, während er diesen entscheidenden Augenblick noch einmal durchlebte, aufzublikken und mit den Augen seines Herzens Jesus dort zu sehen, bei ihm im Zimmer, mitten in all seinen Schwierigkeiten. Er blieb die ganze Zeit dort, um ihn zu heilen und alles in Ordnung zu bringen; deshalb ist die Heilung von Erinnerungen auch so wirksam. Wir erkennen einfach seine Gegenwart in all dem, was wir bisher als unsere ureigensten persönlichen Qualen betrachtet haben. Als der kleine Richard ihn diesmal sah, wie er ihn mit ausgebreiteten Armen zu sich heranwinkte, streckte auch er seine Arme nach ihm aus und ließ sich von unserem Herrn aus den Armen seiner Mutter nehmen. Er spürte, wie der Herr ihn fest an sich drückte und ihm das Herz weit öffnete für die Heilung, die es so nötig hatte. Ich betete für ihn, während Christus ihn mitten in seiner traumatischen Erinnerung tröstete und heilte. Ich bat Jesus Christus, seine eigene männliche Stärke in diesem Augenblick in Richard hineinfließen zu lassen und damit seine Stärke zu bestätigen. Und ich dankte ihm dafür, daß das auch so geschah. Richard seinerseits sprach seinem Vater und seiner Mutter laut seine Vergebung zu für die Rolle, die sie in dem Trauma seiner Erinnerung gespielt hatten. Und während er weiter in das wunderbare Antlitz von Jesus blickte, empfing er von ihm die Kraft, zu sein. Danach gingen wir weiter zu anderen Erinnerungen, die wie Ableger aus dieser einen Wurzel herausgesprossen waren, und bei jedem weiteren Schritt, jeder neuen Erinnerung, vergab Richard von Herzen und bat um Vergebung für seine eigenen Sünden.

Die mystische Hochzeit

«Ich in ihnen und du in mir ... damit die Welt erkenne ...» (Joh. 17,23).

Nachdem wir für die Stärkung und Heilung seines Willens gebetet hatten (jenem «männlichen Teil» jedes Menschen, ob Mann oder Frau), betete ich für Richard, wie er jetzt war: ein Mann, der bereit war für die «mystische Hochzeit».

Gott selber ist so «maskulin», daß wir alle (Männer und Frauen) in Beziehung zu ihm «feminin» sind. Obwohl dies sicher stimmt, ist es eine Idee, die die meisten Männer gefühlsmäßig und ihrer Erfahrung nach kaum nachvollziehen können. Genauso schwierig ist es für Männer, das Bild nachzuvollziehen, das Gott benutzt, wenn er die Kirche seine Braut nennt und sie zur Vereinigung mit sich einlädt.

In meinem nächsten Gebet mit Richard sah man jedoch deutlich, wie der Anfang einer Verbindung mit Gott wirklich aussehen kann – nämlich wie ein mit Freuden im Gehorsam geschlossener Bund mit Christus. Ich hoffe, daß Richards Beispiel vielen Männern helfen wird, die außerordentliche Schönheit und Einfachheit der «mystischen Ehe» besser zu verstehen.

Ich bat Richard, unseren Herrn mit den Augen seines Herzens zu sehen und *ganz bewußt seinen Willen mit dem Willen Christi zu vereinigen*. Dann bat ich ihn, sich seinen eigenen starken männlichen Körper vorzustellen und ihn, einen Teil nach dem anderen, mit dem Leib Christi vereint zu sehen: seine Schultern mit Christi Schultern, seine Arme mit Christi Armen, seine Beine mit Christi Beinen und so weiter. Ebenso auch seine Augen, Ohren, seinen Mund, seine Finger und seine Zehen –. Als wir weiterbeteten, bat ich Richard, Christus einzuladen, einfach in ihn hineinzukommen. Während er sich vorher Christus mehr oder weniger als außerhalb seines Körpers vorgestellt hatte, sah er unseren Herrn jetzt *in sich und eins werden mit sich selbst*. Während er Jesus von ganzem Herzen bat, in ihn hineinzukommen – und er wirklich sah, wie sie beide eins wurden, wiederholte ich immer wieder Jesu Gebet an seinen Vater: «Ich in ihnen und du in mir ...damit die Welt erkenne ...»

Dies Erlebnis veranschaulicht, was mit der Realität des «Christus in uns» gemeint ist, dieser zentralen und einzigartigen Wahrheit des Christentums. Wir warteten in seiner Gegenwart, während sich Christi inkarnatorische Wirklichkeit tief in Richard verankerte einschließlich seiner *Fähigkeit, bildhaft zu denken.* Sein Bewußtsein und sein Unbewußtes mußten diese Realität vollständig erfassen und ein neues Selbstbild in der vollständigen Einheit mit Christus schaffen. Von jetzt an sollte er die Gegenwart Christi praktizieren.

Dann betete ich um die Ausschüttung des Heiligen Geistes in Richards Leben. Es ist das Werk des Heiligen Geistes, wenn Christus in uns Gestalt gewinnt, und er war in diesem Augenblick kraftvoll am Werk, dies in Richard zu tun. Christus in uns braucht völlige Freiheit, das heißt unsere vollständige Bereitschaft, ihn sein Leben durch uns leben zu lassen. Mit der Taufe des Heiligen Geistes, wie diese Erfahrung auch manchmal genannt wird, werden die Gaben Christi in uns freigesetzt, und unser Geist – so zerbrechlich er als Gefäß für Gott auch sein mag – bekommt die Kraft zu erkennen, zu sprechen und zu tun.

Während das alles geschah, betete ich, daß Richard in dieser Einheit mit Christus auch immer mehr an der Männlichkeit Jesu Anteil haben und weiterhin im Erkennen, Annehmen und in der Bestätigung seiner eigenen Männlichkeit wachsen möge.

Was in einer einfachen Gebetszeit wie dieser geschieht, kann man unmöglich vollständig zum Ausdruck bringen, aber soviel ist sicher: Innerhalb von nur zwei Stunden wurde Richards Leben völlig verändert. Er selbst faßte das später am besten zusammen: «Ich habe ihm alles bekannt. Ich bin glücklich, daß ich meinem Vater und meiner Mutter ihre Unfähigkeit vergeben konnte, mich zu lieben. Ich habe um Vergebung gebeten für meine Unfähigkeit, sie zu lieben. Ich habe dem Jungen vergeben, der mich vergewaltigt hat, und ich habe für ihn gebetet, daß auch aus ihm ein heiler Mensch werden möge. Dann kam der Heilige Geist in mich hinein, und ich wurde von Kopf bis Fuß gereinigt, und die tiefe Schlucht in meinem Innern wurde geschlossen. Ich bin wieder ganz geworden. Ich erkannte mein Mann-Sein und mein Mann-Sein erkannte mich.»

«Ich erkannte mein Mann-Sein und mein Mann-Sein erkannte mich»

Richard war jetzt bereit, von seiner neuen Mitte her zu leben. Jetzt wollte er nicht mehr entfernt von sich selbst leben, nicht mehr neben sich herlaufen. Er hatte erlebt, was wir alle erleben können, nämlich wie die Gegenwart Jesu unser wahres Ich aus der Hölle des falschen Ich herausholt. Bei dieser Auferstehung schüttelt unser jetzt nicht mehr unterdrücktes, ängstliches, unstetes, sondern wahres Ich die Pseudo-Ichs mit ihren tausend verschiedenen Gesichtern von sich und tritt kühn hervor mit einem einzigen Gesicht, in dem alles, was an unserer Persönlichkeit echt und wirklich ist, zusammengefaßt ist. Unser Ich ist jetzt in sich eins. Und erst jetzt können wir die Freiheit erkennen und in die Tat umsetzen, vom Zentrum unseres Wesens her zu leben, von der Stelle aus, wo Gottes Heiliger Geist in unserem Geist wohnt und wo unser Wille eins ist mit seinem. Wir leben von nun an nicht mehr nur seine Gegenwart, sondern auch die Gegenwart des neuen Menschen. Wir sind jetzt davon befreit, die Gegenwart des alten Menschen praktizieren zu müssen, in dem das Prinzip der Sünde und des Todes herrscht.

Wir sind auch davon befreit, die Gegenwart des unmündigen Menschen zu praktizieren, der immer noch unter dem Gesetz lebt (Gal. 4). Richard wußte genau, daß wir Christen sein und trotzdem noch unter dem Gesetz leben können – total unfähig, das Erbe der Gnade zu erkennen, das uns befähigt, in der Kraft des Geistes zu leben und die Gegenwart des neuen Menschen zu praktizieren. Wir leben dann statt dessen oft eher die Gegenwart des kleinen schuldigen Jungen oder Mädchens, das nicht in der Lage ist, die Liebe Gottes oder eines Menschen anzunehmen, und sind dann auch unfähig, als reife Menschen Verantwortung für unser eigenes Leben oder für die Gemeinde Christi zu übernehmen.

Aus diesem Grund können wir die uns vom Heiligen Geist gegebenen Gaben der Heilung nicht stark und wirkungsvoll ausleben. Falsche Bescheidenheit, tatsächliche Sünde oder auch unser Bedürfnis nach psychologischer Heilung hindern uns daran, vom Zentrum her zu leben, aus der Position des Wissens heraus, wer wir in ihm sind. Das ist eine Position der Vollmacht, eine Position, in der wir wie Adam vor dem Sündenfall alles Geschaffene benennen dürfen. Weil wir von Gott beim Namen gerufen und allein durch seinen Willen gestaltet sind, werden wir jetzt nicht mehr von anderen Geschöpfen oder anderem Geschaffenen benannt und geformt, sondern wir leben in der Mündigkeit und Vollmacht, die die Welt heilt. Jeden Tag sterben wir eigensüchtiger und tyrannischer Autorität, jedem fleischlichen, herrschsüchtigen Geist, der dem Leben des alten egoistischen Menschen entspringt. Ebenso sterben wir der schwachen Position derjenigen, die sagen: «Wir haben keine Vollmacht.» Sie ist bezeichnend für diejenigen, die noch unter dem Gesetz leben. Wir dagegen leben jetzt vom Zentrum her, wo unser Herr wohnt, und benennen in seinem Namen. Unsere wahre Männlichkeit ist wiederhergestellt. Die ganze Schöpfung wartet darauf, daß wir die uns zustehende Sohnschaft in Anspruch nehmen.

Richard verließ mich an diesem Tag fröhlich und voller Dank an Gott; er schien auf Wölkchen zu schweben. Bevor er ging, gab ich ihm jedoch eine Aufgabe, die seinen Lernprozeß des Lebens in der Gegenwart Gottes beschleunigen und ihm helfen sollte, ständig auf das Reden Gottes zu hören – sein Reden, das die alten negativen Gedankenmuster durch neue und wahre Gedanken ersetzt. Solche Worte würden ihm dabei helfen, mit einem klaren Sprung jede Hürde zu überwinden, die ihn von einer demütigen und vollständigen Selbstannahme trennte. Eines Tages rief er mich an, weil eine besonders starke teuflische Versuchung aufgetreten war. Es hatte ihn mit aller Macht gepackt, als er gerade an einem Pornoshop vorbeigegangen war. Seine neu gewonnene Männlichkeit und Vollmacht waren vollständig in Frage gestellt und herausgefordert worden. Aber Richard, der über die Gewalt der Versuchung nur staunen konnte, praktizierte die Gegenwart Christi und schlug den Versucher in die Flucht. Wir haben noch öfter miteinander telefoniert, wenn Richard wichtige Fragen hatte. Und dann besuchte er mich noch einmal, diesmal allerdings nur zum Zweck eines fröhlichen Gesprächs. Ein paar Monate später schrieb er mir folgenden Brief:

«Einige Veränderungen, die ich Ihnen gern mitteilen möchte, sind folgende: Ich kann mit meiner Frau sexuell zusammensein und Höhepunkte erleben, ohne auf irgendwelche Phantasien oder unreine Hilfsmittel zurückgreifen zu müssen. Das ist wirklich ein himmlisches Glück. Wir haben fast das Gefühl, als hätten wir vorher noch nie miteinander geschlafen. Der Unterschied zur früheren Ausübung des Geschlechtsakts, wie wir es taten, als ich noch so kaputt war, ist wirklich drastisch. Jetzt ist es ein Sakrament, heilig, fast ein Geheimnis. Es kommt mir vor wie ein Stück

Paradies – was wir jetzt zusammen als Mann und Frau kennenlernen. Fragen des ‹wie oft› oder ‹in welcher Position› erscheinen lächerlich angesichts dieses göttlichen Aktes, der meine tiefsten Wünsche umfaßt und übersteigt.

In meinem Beruf kann ich es jetzt aushalten, kritisiert oder mißverstanden zu werden. Für einen Künstler ist das ganz wichtig. Erstaunlicherweise habe ich einige Wochen vor meiner Heilung eine kritische Würdigung meiner bisherigen Arbeit erhalten, in der meine künstlerischen Gaben und Fähigkeiten hoch gelobt wurden; gleichzeitig wurde darin aber auch festgestellt, daß ich offenbar als Künstler noch nicht meine innere Mitte gefunden hätte, sondern daß ein großer Teil meines Werkes nur oberflächlich ‹gemacht› sei. Jetzt habe ich diese tiefe Quelle, aus der meine Arbeit entspringt. Ich diene Ihm mit meiner Arbeit – ich bin sicher in dem Wissen, daß ich als ein Diener etwas viel Größerem gefalle, als ich selbst es bin. Wenn mich jemand als Künstler nicht bestätigt, dann tut mir das zwar weh, aber es kann mich nicht zerstören – und, was noch wichtiger ist, es kann auch meiner Arbeit nichts anhaben. Ich bin jetzt in meiner Arbeit verwurzelt, und das ist die reine Freude für mich.

Wenn ich jetzt irgendwo zu einem Fest eingeladen bin, dann kann ich mich ganz ruhig und still verhalten, fasziniert von den Menschen oder dem Ort, wo ich gerade bin; ich brauche niemanden mehr zu beeindrucken oder um jeden Preis Erfolg haben. Ich kann zuhören. Ich kann einfach dasein. Ich brauche nicht irgend etwas oder irgend jemanden zu meiner Bestätigung. Ich habe sogar ein bißchen abgenommen und kann mit Vergnügen auf mein Ziel hinarbeiten, für den Marathonlauf im Herbst zu trainieren.

Wenn ich früher gesündigt habe, war es, als ob ich immer tiefer im Treibsand versackte. Wenn ich jetzt einmal falle, kann ich meine Füße wieder auf festen Grund setzen und aufstehen. Sein Blut reinigt mich auch weiterhin; sein Geist gibt meinen Beinen Kraft, das vor mir liegende Rennen zu Ende zu bringen; der Vater wird mich mit ausgebreiteten Armen in Empfang nehmen.

Meine Frau, meine Kinder und meine Freunde würden dieses Lob der Taten Gottes an mir bestätigen, wenn sie die Gelegenheit dazu hätten. … Es ist mir ernst, wenn ich jetzt sage, daß ich ein Mann bin, ein Künstler, der eine Frau und zwei Kinder hat, und es ist ein Wunder, daß all das *ich* bin.

Ich bin zwar immer noch eine ‹dramatische› Persönlichkeit, ich bin immer noch ein Sünder, ich bin immer noch Stürmen der Versuchung ausgesetzt und habe meine Schwierigkeiten mit Geld, im Beruf und als Vater, aber es ist, als ob ich in mir einen heilen ‹Platz› hätte, an den ich mich zurückziehen kann, wo ich alles überwinden kann, sogar den Wunsch zu sterben. Dieses Zentrum, dieser Fels in mir ist mein wirkliches Selbst; es ist ein wirklicher Mann, so fest wie Gold.»

Das hat mir Richard wenige Monate nach seiner Heilung geschrieben. Jetzt sind anderthalb Jahre vergangen, und es ist immer noch wie ein Wunder für mich, wenn ich Berichte über ihn und seine Arbeit lese. Die Leute, die über ihn berichten, haben natürlich keine Ahnung, aus welchen Tiefen er aufgetaucht ist. Erst kürzlich sagte einer seiner Künstlerkollegen zu mir: «Das Licht Jesu Christi strahlt geradezu von diesem Mann aus – was für ein Mann Gottes er ist!»

3 Krisen der Männlichkeit ohne sexuelle Neurosen

Der Meister: Der höchste männliche Impuls besteht darin, zu einem schöpferischen Zweck «mit meinem Willen übereinzustimmen» und daran festzuhalten, bis er erreicht ist ... Auch einer Jüngerin fehlen diese männlichen Impulse der Seele nicht. Auch sie entwickelt den Willen, der schöpferisch tätig ist, der erobert, überwindet; denn die erlöste Seele muß integriert werden in das Wesen Christi, muß eins werden mit ihm, in dem es letztlich weder Mann noch Frau, sondern nur einen Menschen in Christus gibt.

John Gaynor Banks, The Master and the Disciple

Ich bin der Weg und die Wahrheit und das Leben; niemand kommt zum Vater denn durch mich. Wenn ihr mich erkannt habt, so werdet ihr auch meinen Vater erkennen.

Johannes 14,6-7

Der Kern aller echten Männlichkeit liegt in der Kraft, die Wahrheit zu sagen und die Wahrheit zu *sein*. Wenn ein Mann oder eine Frau in dieser Hinsicht Schwierigkeiten hat, liegt immer eine Krise der Männlichkeit vor. Ich habe gerade heute von einem jungen Psychiater gehört, von dem ich weiß, daß er auf seinem Spezialgebiet gut ist, denn wir haben früher einmal zusammengearbeitet. Seine Stellung innerhalb der Belegschaft eines angesehenen Krankenhauses ist gefährdet, und er schrieb mir: «Gerade habe ich von meinem Chef erfahren, daß ich möglicherweise nicht befördert, ja vielleicht nicht einmal gebeten werde zu bleiben, weil ich mit meinen Privatpatienten bete.» «Unorthodoxe Behandlungsweise» und ähnlich willkürliche Vorwürfe hatte er sich als Begründung für diese Maßnahme anhören müssen.

Die Auffassung seines Chefs ähnelt einer Grundhaltung, die noch bis vor kurzer Zeit in der Sowjetunion vorherrschte, als Christen zur Behandlung ihrer «Erkrankung» in die Psychiatrie eingeliefert wurden, wobei ihre «Erkrankung» einfach darin bestand, daß sie Christen waren. C.S. Lewis bezog sich auf eine solche Einstellung in der Welt der säkularen Heilmethoden, als er eine Frau warnte: «Halten Sie sich von Psychiatern fern, wenn Sie nicht genau wissen, daß sie Christen sind. Falls nicht, gehen sie bei der Behandlung von der Annahme aus, daß Ihr Glaube eine Illusion ist, und versuchen als erstes, Sie von dieser Illusion zu ‹heilen›; und ihre Diagnose stellen sie nicht als professionelle Psychiater, sondern als Amateurphilosophen. Oft haben sie über die Fragen des Glaubens nicht einmal ernsthaft nachgedacht.»[1]

Die Erfahrung des besagten jungen Arztes verdeutlicht einen wichtigen Punkt: Er hat den Mut, er selbst zu sein, obwohl er noch keine Zeit gehabt hat, die Erfolgsleiter auf seinem Fachgebiet hinaufzuklettern. Obwohl er noch jung ist, hat er die Freiheit, der Wahrheit die Ehre zu geben und sie so auszuleben, wie er sie erfahren und kennengelernt hat. Er hat sich nicht dem Zeitgeist gebeugt. Obwohl ihn die Kritik seines Vorgesetzten getroffen hat, hat er nicht subjektiv darauf reagiert und von sich selbst als Mann geringer gedacht, sondern er hat die Situation objektiv so beurteilt, wie sie ist:

«Man kann die Gegenwart Christi nicht erfahren, ohne in den Kreis des Glaubens einzutreten. Wie kann eine ungläubige wissenschaftliche Gemeinschaft je dafür offen sein, wenn sie außerhalb dieses Kreises bleibt?» Dr. Tom wird fröhlich das Krankenhaus wechseln; als Person und als Mann unter Männern unbeschadet, wird er eine andere Stelle annehmen, wo seine Fähigkeiten als Arzt und seine geistlichen Gaben ihm Türen öffnen.

Noch vor zwei Jahren wäre eine solche Einstellung zu seinen Lebensumständen undenkbar gewesen. Weil sein Vater ihn nicht bestätigt hatte, war er in seiner Männlichkeit außerordentlich unsicher gewesen. In seinem damaligen Zustand hätte er bei seinen Vorgesetzten viel zu sehr die Bestätigung als Mann gesucht, als daß er deren Mißfallen riskiert hätte. Tom litt nicht unter einer sexuellen Neurose, aber er suchte seine Identität als Mann im beruflichen Erfolg. Ein Versagen im Beruf hätte er nie riskieren können. Das wäre vielleicht noch jahrelang nach Art eines pubertären Jungen weitergegangen, der die Autorität und Macht von Vorgesetzten fürchtet, aber Tom fand Heilung und Selbstbestätigung als ein Mann in Gott, und deshalb hatte er jetzt die Freiheit, der Mann zu sein, als den Gott ihn geschaffen hatte.

Ich bete mit vielen Männern, die sich mitten in einem Karrieretrauma befinden und dadurch entweder gelähmt sind und unfähig, sich in irgendeine Richtung weiterzubewegen, oder die gerade innerlich zerbrechen. Fast immer muß zuerst ihre eigentliche Not aufgedeckt werden, nämlich daß sie ihre unbestätigte männliche Seite nicht erkennen und in ihre Persönlichkeit integrieren können. Gewöhnlich wissen sie gar nicht, warum sie sich in ihren augenblicklichen Lebensumständen so hilflos und unfähig fühlen oder warum ihre Reaktionen auf das Problem so drastisch und unkontrolliert sind. Auch wenn die Probleme dieser Männer nicht sexueller Art sind wie z.B. bei Richard, leiden sie genau wie er an einer Krise ihrer Männlichkeit.

Da kam zum Beispiel ein auf seinem Gebiet sehr angesehener Theologe zum Gebet zu mir, weil er eine Schreibblockade hatte. Er konnte Abhandlungen, die er fix und fertig in seinem Kopf hatte und die förmlich danach schrien, niedergeschrieben zu werden, nicht zu Papier bringen. Unmittelbar nachdem wir den Herrn gebeten hatten, den Grund für diese Blockade aus seinem Unbewußten hervorzuholen, wurde ihm schmerzhaft seine Furcht bewußt, frei heraus zu schreiben, was er denkt; seine Furcht, sich in Form von Aufsätzen mit Leuten auseinanderzusetzen, die theologische Vorreiterpositionen vertreten und in seiner eigenen Gemeinde und in Universitätskreisen sehr angesehen waren. Als er sich dieser Furcht bewußt wurde, erkannte er auch seine Angst vor Autorität im allgemeinen und die Ursachen dafür. Sein eigener Vater war auf rigide Weise autoritär und unpersönlich gewesen. Es war dem Sohn nie gelungen, die völlige Anerkennung des Vaters zu erlangen. Er sehnte sich danach, als Mann und Person von seinen männlichen Vorgesetzten anerkannt zu werden, aber eigentlich erwartete er gar nicht, diese Anerkennung jemals zu bekommen. Bei ihm konnte man wirklich von einer Krise der Männlichkeit sprechen. Sein wahres Selbst war lahmgelegt, er war unfähig, wirkungsvoll mit dem Heiligen Geist zusammenzuarbeiten, damit die Aufsätze und Bücher, die in seinem Innern vorhanden waren, geboren werden konnten.

Ich habe Akademiker kennengelernt, Professoren, die sich in ihren Vorlesungen und bei ihrer wissenschaftlichen Arbeit zunehmend gehemmt fühlten, weil sie, als Männer unbestätigt, immer noch versuchten, Bestätigung im beruflichen Erfolg zu finden. Deshalb konnte schon allein die Möglichkeit, keine Lebensstellung zu bekommen, sie davon abhalten, der Wahrheit, wie sie sie erkannt und erlebt hatten, die Ehre zu geben. Einige hatten sich ein halbes Leben lang angepaßt, um ihre Stelle zu behalten, und wunderten sich, warum sie so depressiv und unproduktiv waren. Weil sie nicht die Freiheit hatten, das auszuleben, wozu Gott sie geschaffen hatte, verzweifelten sie an ihrem Leben, das ständig sein Ziel verfehlte. Sie waren schlechtere Lehrer, Wissenschaftler und Übermittler von Wahrheit geworden, als es den ihnen von Gott gegebenen Fähigkeiten entsprach.

Das gleiche gilt, mit einigen Veränderungen, für den Pfarrer, der das Evangelium nicht mehr vollmächtig predigen kann, weil er durch den Kirchenvorstand, die Diakone oder durch einige Quertreiber in seiner Gemeinde eingeschüchtert ist. Es gilt auch für den Ehemann, der ab und zu eine andere Frau im Bett haben muß, um sich selbst zu beweisen, daß er noch ein Mann ist. Und es gilt für den jungen Mann, der Schuldgefühle wegen gelegentlicher sexueller Abenteuer hat, aber unfähig ist, sich ganz auf eine Frau einzulassen, und der sich jetzt in depressivem Zustand mit Selbstmordgedanken trägt.

Das gleiche Problem hat der Priester oder der Mönch, der sich vor dem Alleinsein mit Gott, dem Vater, und Gott, dem Sohn, fürchtet aus Angst davor, was der «ewige Maskuline» ihm antun könnte, wenn er ihm zu nahe käme und ihm die Entbehrungen und die Sünde preisgäbe, die er auf dem Grund seiner Seele erahnt. Er wendet sich deshalb mit seiner ganzen Vorstellungskraft der Jungfrau Maria zu, dem weiblichen und mütterlichen Prinzip, und gleichzeitig wendet er sich jedoch von dem Einen ab, der ihm die Männlichkeit und die Ganzheit, die er braucht, geben könnte.

Der Mann, der in die Gegenwart Gottes kommt und auf ihn blickt, findet nicht nur den Sohn, sondern auch den Vater. Er wird die Bestätigung seiner eigenen maskulinen Seite finden. Die Frau, die auf ihren Herrn sieht, wird nicht nur auf wunderbare Weise in ihrer Weiblichkeit bestätigt werden, sondern durch seine Männlichkeit, die sie schmecken und fühlen kann, auch in ihrem Willen zu «schöpferischem Tun, zum Erobern und Überwinden» gestärkt werden. Was wir mit den Augen unseres Herzens sehen und erfassen, ist wirklich von Bedeutung. Die Bilder und die Symbolik sind wichtig. Egal ob Mann oder Frau, wir müssen auf das Maskuline schauen, um die starke, väterliche Bestätigung unserer geschlechtlichen Identität und unserer selbst als Personen zu erlangen.

Ich könnte Bücher schreiben über Christen, über Männer, die Heilung tiefer emotionaler Probleme erfuhren, indem sie in die Gegenwart Gottes kamen und dort im Gebet um Heilung Bestätigung ihrer selbst als Männer fanden. Obwohl ihre Neurosen nicht sexueller Natur waren, waren viele von ihnen vom klinischen Standpunkt aus betrachtet als chronisch oder sogar unheilbar krank angesehen worden, und diese Männer wären für den Rest ihres Lebens wegen fortdauernder depressiver Schübe behandelt worden. Aber Gott hat in jedem von ihnen den unbestätigten kleinen Jungen gefunden und zum Mann erklärt. Er hat sie dazu befreit, die männlichen Gestalter zu werden, zu denen er sie geschaffen hatte. Wenn ich zurückblicke, dann sehe ich, daß die Theologen ihre Bücher geschrieben haben, die Akademiker geheiligte Vermittler wissenschaftlicher Integrität und Wahrheit wurden, daß die Priester, Pfarrer und Mönche jetzt als starke Leitungspersönlichkeiten wirken und die klinisch Depressiven fröhlich die Gegenwart Gottes ausleben, in dem sie ihr höheres Selbst gefunden und angenommen haben, einschließlich der ganzen Dimension ihrer Männlichkeit. Ich habe nicht die Zeit, von all denen zu berichten, denen ich begegnet bin. Und sie sind nur die Spitze des Eisbergs, denn wir leben in einem Abschnitt der Geschichte, in der die Ergänzung von Männlichem und Weiblichem ernsthaft aus dem Lot geraten ist. Die folgende Geschichte ist ein Beispiel dafür, wie eine bereits Generationen zurückliegende Verletzung des Männlichen eine Familie bis in die Gegenwart hinein beeinflussen kann.

Der Pfarrer, der nicht die Wahrheit sagen konnte

Bevor ich die Geschichte erzähle, möchte ich den Leser noch einmal daran erinnern, daß Sünde nicht mit der Zeit einfach verschwindet, sondern nur durch Umkehr und das Blut Jesu Christi ausgelöscht wird. Das Hauptproblem dieses Pfarrers hatte bereits zwei Generationen vor ihm seinen Anfang genommen. Zunächst mußte das Trauma der Familie aufgedeckt und die darin enthaltene Sünde bekannt werden, bevor der Pfarrer die notwendige psychische und geistliche Heilung erfahren konnte.

Pfarrer David B. kam mit der Bitte um Hilfe erst zu mir, nachdem ihm der größte Teil seiner Gemeinde den Rücken gekehrt hatte und seine Frau nach zwanzigjähriger Ehe mit gepackten Koffern in der Hand erklärt hatte, sie würde ihn verlassen. Als ich ihn fragte, warum er sich nicht eher um Hilfe bemüht hätte (sowohl seine Gemeinde als auch seine Frau hatten sich lange in

Geduld geübt und es lange mit ihm ausgehalten), gab er zu, erst Hilfe gesucht zu haben, als er bemerkt hatte, daß er sonst keinen Monat länger würde leben können. Er war stark depressiv und eindeutig selbstmordgefährdet.

Der Hauptvorwurf gegen ihn lautete, daß man nie sicher sein konnte, ob er die Wahrheit sagte. Er neigte zwanghaft zu Übertreibungen, und oft log er schlicht und einfach. Nach Aussage seiner Frau log und übertrieb er selbst dann, wenn die Wahrheit ihm viel nützlicher gewesen wäre. Wie sich herausstellte, war David, genau wie Richard, von seiner maskulinen Seite abgespalten, aber das Problem äußerte sich auf der psychischen Ebene nicht als sexueller Zwang oder sexuelle Neurose, sondern sein zwanghaftes, wildes und unstetes Verhalten war darauf ausgerichtet, zu Geld zu kommen – und zwar zu viel Geld. Er hatte schon mehrmals ein Vermögen gewonnen und wieder verloren, Tag und Nacht war er fieberhaft damit beschäftigt, sich finanziell abzusichern. «Ich muß immer größer und besser erscheinen, als ich bin. Ich muß übertreiben, damit die Leute mich mögen. Ich hasse mich. An mir gibt es nichts, was andere mögen könnten. Niemand kann mich jemals lieben. Ich muß sie dazu bringen, mich zu mögen.»

Ebenso wie bei Richard, war es auch Davids größte Angst, die Frau, die er liebte und achtete, zu verlieren. «Fast alles, was ich je getan habe, hat nur dem Zweck gedient, sie dazu zu bringen, mich zu lieben, ... und sie hat mich doch immer geliebt, ich konnte es nur nicht glauben.» Auch der Gedanke, seine Familie und seine Freunde zu verlieren, machte ihm angst. Er war vom gleichen inneren Schmerz erfüllt wie Richard; er war ein Mann, der neben sich herlief, ein Mann, in dem noch ein ängstlicher, ungeheilter, schuldbeladener kleiner Junge lebte, der weder sich selbst annehmen noch die Liebe anderer, nach der er sich so verzweifelt sehnte, empfangen konnte.

Wahrscheinlich sagen jetzt einige Leser: «Was dieser Mann braucht, ist eine Wiedergeburt von oben. Die Schrift sagt doch ganz klar, daß jemand, der lügt, den Teufel zum Vater hat!» Andere werden sagen: «Er braucht die Kraft Gottes in seinem Leben, er müßte vom Heiligen Geist erfüllt werden.» Ich hätte wohl auch so reagiert, wenn ich nicht das Herz dieses Mannes und seine Arbeit im Reich Gottes beobachtet hätte – sowie seinen langen und traurigen Kampf gegen das Chaos in seinem Leben. Auf der einen Seite betete er mit den körperlich Kranken, und sie wurden geheilt; er nahm Gruppen junger Leute aus seiner Gemeinde mit zum missionarischen Einsatz, und die hartnäckigsten Drogenabhängigen und Verbrecher kamen zu Christus. Auf der anderen Seite war er nicht einmal in der Lage, auch nur zehn Minuten allein still im Gebet zu verbringen. Dabei sollten Pfarrer sehr viel Zeit im Gebet verbringen. Aber wenn er nur einen Augenblick lang still war, lief er Gefahr, wieder die innere anklagende Stimme des Selbsthasses zu hören. Er konnte nicht aufblicken zu Gott und ihn mit den Augen seines Herzens sehen; er konnte nur das Gespenst seiner inneren Leere sehen, die den Abgrund seines Seins erfüllte.

Anstatt sich diesem inneren Feind zu stellen, schlüpfte er in verschiedene Rollen: auf der einen Seite in die eines geschickten Baumeisters und Geschäftsmannes; auf der anderen Seite war er der ständig beschäftigte christliche Leiter. Infolgedessen war er ständig in Bewegung. Zwanghaft warf er sich in eine hektische Aktivität nach der anderen, um sich selbst als Mann zu beweisen und um die Konfrontation mit der schrecklichen Einsamkeit und dem inneren Schmerz zu vermeiden. Seine Gemeindeglieder waren schließlich ganz verwirrt durch seine vielen verschiedenen Gesichter und waren es leid, immer zwischen all dem Guten und all dem Schlechten an ihrem Pastor differenzieren zu müssen. Als sie seine Gemeinde verließen, sagten sie zu ihm: «Wir haben dich gern und sehen auch das Gute in dir, aber wir können deine Lügen und Übertreibungen einfach nicht mehr ertragen. Wir brauchen einen Pastor, zu dem wir aufblicken können.»

Davids Problem wurzelte in seiner eigenen Vergangenheit und in der Vergangenheit seiner Familie. Obwohl seine Familie aus Namenschristen bestand, war sie doch in fast jeder Beziehung verarmt. Sie besaß so gut wie nichts. Sein Vater war ein kleiner Farmpächter in North Carolina gewesen, auf einem Stück Land, das fast keinen Ertrag brachte, obwohl die ganze Familie den ganzen Tag hart arbeitete. David erhielt so gut wie keine Schulbildung. Oft wurde er aus der Schule geholt, um dann den ganzen Tag auf dem Feld zu arbeiten. Den Sommer verbrachte er zusammen mit anderen Wanderarbeitern im Süden in der Baumwollernte. Sein Verdienst wurde zum Kauf von Saatgetreide und anderen notwendigen Dingen gebraucht, die jedes Jahr gebraucht wurden, damit die Familie als Farmpächter weiter existieren konnte. Ein geflügeltes Wort in seiner Familie lautete nach seiner Aussage: «Keine Zeit für Zärtlichkeit».

Aber auch wenn dafür Zeit und Energie vorhanden gewesen wären – offenbar war man in dieser Familie unfähig zu liebevoller Berührung. Es gibt Familien, die bei aller Armut durch ein reiches geistiges, moralisches und deshalb auch intellektuelles Erbe getragen werden. (Ich komme zum Beispiel aus einer solchen Familie. Meine Mutter wurde Witwe in der Zeit der Depression und mußte mit ganz geringen oder gar keinen Mitteln ihre Kinder aufziehen.) Bei David war das aber nicht so. Die Familie wohnte zwar nicht weit von der Atlantikküste entfernt, war aber trotzdem vom Hauptstrom der amerikanischen Kultur getrennt durch die geographische Isolation im Bergland der Appalachen und umgeben von besonders hartnäckigen Formen von Vorurteilen, Ignoranz und Mißtrauen. Diese Dinge prägten ihre Gemeinde, ihre Glaubenserfahrungen und auch ihren Alltag. Davids Vater war nicht in der Lage gewesen, über den am Ort herrschenden geistigen Horizont hinauszuwachsen. Statt dessen hatte er panische Angst vor allen Leuten, die irgendwie anders waren als er; als junger Mann war er seiner Frau und seinen Kindern gegenüber äußerst autoritär gewesen. Im Grunde war er kein schlechter Mensch und meinte es gut, und er wurde auch im späteren Leben etwas milder, aber in seiner Kindheit hatte David allen Grund gehabt, sich vor ihm zu fürchten, denn sein Vater konnte bei der kleinsten Verärgerung grausam reagieren. Es ist daher kaum verwunderlich, daß David mit zwölf Jahren sein Elternhaus verließ, um auf eigene Faust seinen Weg zu machen. Dabei schwor er, sich selbst aus der Armut zu befreien, in der er aufgewachsen war.

Als David und ich beteten und er Teile seiner Lebensgeschichte vor mir ausbreitete, über die er bisher noch nie hatte sprechen können, begriff ich langsam, wie es hatte kommen können, daß Übertreibung und Lüge sich so tief in seinem Herzen und seiner Sprache verwurzelt hatten. Ein Grund war, daß er in einer der ländlichen Gegenden Amerikas aufgewachsen war, wo die Übertreibung als Sprachmittel allgemein akzeptiert ist. Ähnliche Übertreibungen gibt es auch in der hebräischen Poesie, z. B. in Psalm 6,7:

«Ich bin so müde vom Seufzen; ich schwemme mein Bett die ganze Nacht und netze mit meinen Tränen mein Lager.»

Dieser Vers vermittelt uns ein wirklich gutes Bild vom Kummer des Königs David; dabei wissen wir natürlich, daß er bestimmt nicht von seinem Lager weggespült wurde. Durch die Übertreibung wird die Wirkung der Dichtung verstärkt und damit auch die Möglichkeit, die Intensität seiner Gefühle zu vermitteln. Dabei handelt es sich keineswegs um eine vorsätzliche Täuschung. Auch Pastor Davids Sprache war – geprägt von der Gegend, in der er aufgewachsen war – voller Übertreibungen, und es ist verständlich, daß der Zwang, «sich gut zu verkaufen», ihn dazu brachte, die Grenze zwischen sprachlicher Übertreibung und Lüge zu überschreiten. Als wir über diese Tendenz bei ihm sprachen, erkannte er plötzlich, daß die Sprachmuster, mit denen er aufgewachsen war, sich für sein Gesamtproblem geradezu anboten.

Probleme wie das von David haben viele Ursachen, und bei ihm war einer der Hauptgründe dafür, daß er in seiner Kindheit kein gesundes Selbstwertgefühl hatte entwickeln können, daß er nicht genug Mutterliebe bekommen hatte. Allerdings hatte David schon als kleiner Junge mitbekommen, daß die Mutter den Vater anlog, um ihn vor einer Tracht Prügel zu bewahren. Obwohl sie eine Frau gewesen war, die es im Leben sehr schwer gehabt hatte und der es schwerfiel, zu lächeln und ihren Kindern ihre Liebe offen zu zeigen, zeigte sie dann, wenn sie beispielsweise log, um David Schläge zu ersparen, die Liebe, nach der David sich so sehr sehnte. Dadurch lernte David jedoch zwei falsche Lektionen von ihr: 1. Man muß lügen, um zu überleben; 2. Lügen ist ein Akt der Liebe. Um diese falschen Denkmuster auszumerzen und umzulernen, mußte David Gott in seine traumatischen Erinnerungen hineinlassen. Er mußte die Lüge seiner Mutter als Sünde bekennen und ihr die spätere Auswirkung dieser Sünde auf ihn vergeben. Außerdem mußte er ihr ihre Unfähigkeit vergeben, ihren Kindern Liebe zu zeigen, sowie seinem Vater dessen aus Unwissenheit geborene Grausamkeit. Nachdem David das getan hatte, wurde dieser Teil des Problems hinter seiner Unfähigkeit, die Wahrheit zu sagen, sofort von ihm genommen.

Wir waren jedoch noch nicht an die Wurzel seines bitteren Selbsthasses gelangt, und ich wußte, daß, wenn wir *diese* gefunden hätten, wir damit auf das Problem gestoßen wären, das seine ganze Familie zerstört hatte. David war eins von fünf Kindern; zwei hatten im Alter von etwa 30 Jahren Selbstmord begangen, einer hatte einen Selbstmordversuch hinter sich. Und nun war David selbst extrem suizidgefährdet. Es mußte ein außergewöhnliches Problem geben, das die gesamte Familie fest im Griff hatte.

Durch harte Arbeit und unermüdliches Streben war es David gelungen, die Armut seiner Jugend hinter sich zu lassen. Bevor er das jedoch geschafft hatte, hatte er auf tief bedeutsame Art zu Jesus Christus gefunden. Seine Bekehrung hatte ihren Anfang genommen, als er mit 19 Jahren todkrank in einem Krankenhaus gelegen hatte. Komplikationen nach einem Arbeitsunfall in der Fabrik, wo er arbeitete, hatten zu dem lebensbedrohlichen Zustand geführt. Christen besuchten ihn und beteten für ihn, und dadurch wurde er auf wunderbare Weise wieder gesund. Danach war das mächtige Wirken der Gnade Gottes in seinem Leben sehr deutlich sichtbar. David fing an, anderen Menschen von der heilenden Kraft Gottes zu erzählen.

Wenn wir zu Gott kommen, kommt er in uns hinein und macht uns frei. Sein neues Leben beginnt durch uns hindurch zu strahlen und setzt unsere Gefühle, unseren Verstand, unsere Phantasie und unseren Willen frei. Sein Wille und der unsrige sind nicht mehr zweierlei, sondern unser Wille wird eins mit seinem Willen. Auch unser Körper wird durch seine Gegenwart geheiligt und dazu befreit, die reinigende und heilende Kraft kennenzulernen, die uns in Christus zur Verfügung steht. Dieses biblische, inkarnatorische Menschenbild zeigt, daß wir letztlich frei sind von der durch uns selbst und unsere Umgebung begrenzten Welt. Wir brauchen uns nicht mehr als hoffnungslos «determinierte» Wesen zu betrachten, die unabänderlich bestimmten Prägungen ausgesetzt sind.

Im Gegensatz dazu betrachten die meisten säkularen Ideologien den Menschen als determiniertes Wesen. Die marxistische Ideologie zum Beispiel sieht ihn als ökonomisch determiniert. Andere Systeme – auch religiöse – sehen ihn als determiniert durch die Umgebung, durch biologische, soziologische oder psychologische Faktoren oder durch das Gewicht seines Karmas. Obwohl das christliche Menschenbild auch den Einfluß der meisten dieser Faktoren sieht, erklärt es den Menschen keineswegs durch diese Faktoren gebunden, denn das Evangelium ist zu uns gekommen, um uns frei zu machen. Die Botschaft unseres Herrn lautet: «Wenn euch nun der Sohn frei macht, so seid ihr recht frei» (Joh. 8,36). Wenn David aber doch Christ geworden war, warum war er dann nicht frei geworden von all den Gebundenheiten seines alten Lebens?

Obwohl David aus ganzem Herzen zu Christus gekommen war, konnte er nicht in Christus bleiben, weil er sich immer noch selbst haßte. Sich zu hassen bedeutet, *neben sich selbst herzulaufen*. So wie Richards Leben war auch das von David gespalten; er war in sich nicht *eins*. Da er von sich selbst getrennt war, konnte er nicht von dem göttlichen Zentrum her leben und handeln, in dem Christus wohnt. Die Frage war nicht, ob er überhaupt zu Christus gekommen war oder ob er wirklich den Heiligen Geist und seine Gaben empfangen hatte, all dies traf auf David zu, sondern bei ihm ging es darum, daß er psychisch gespalten war, und diese Spaltung wirkte sich unweigerlich auch auf sein geistliches Leben aus.

Erst gestern traf ich einen bekannten christlichen Prediger, der anfällig war für homosexuelle Verfehlungen. Wie Richard und David war er ein Mann, der neben sich selbst herlief. Er lebte in der Haltung eines kleinen, schuldigen, unbestätigten, rebellierenden Jungen. Bei ihm ist es der Fall des kleinen Jungen, der immer noch mit seiner verwirrten Mutter kämpft und in den alten Verhaltensmustern steckengeblieben ist, die er sich angeeignet hatte, um sie zu überlisten. Inzwischen lebt er zwar weit entfernt von ihr, aber weil er es nie fertiggebracht hat, seine geschlechtliche Identität von der ihren zu trennen und sich selbst als Mann zu akzeptieren, lebt er immer noch unter dem Gesetz, das ihn als Kind beherrscht hat: dem Gesetz des mütterlichen Reglements, das immer und notwendigerweise verzerrt sein muß, wenn ein starker, bestätigender Vater fehlt.

Paulus sagte: «Als aber das Gebot kam, wurde die Sünde lebendig, ich aber starb» (Röm. 7,9-10). Das geschieht, wenn ein Mensch neben sich selbst herläuft und aus der Haltung des unreifen, unter dem Gesetz lebenden Kindes lebt. Unsere schlimmsten Zwänge können mit uns machen, was sie wollen, wenn wir in dieser Haltung leben, denn es ist unmöglich, das Gesetz zu halten. Dieser Mann sagte unter Tränen zu mir: «Aber ich weiß, daß der Herr bei mir ist, auch wenn ich falle.» (Er hatte wie Pastor David ein dramatisches Erlebnis der Wiedergeburt gehabt, man hatte ihm später die Hände aufgelegt, damit er mit der Kraft des Heiligen Geistes gefüllt würde, was bewirkt hatte, daß die Gaben des Heiligen Geistes in seinem Leben wirksam waren.)

Sein Problem bestand darin, daß er aus dem Zentrum, in dem Christus wohnt, heraustrat, auch wenn der Herr bei ihm war. Er war unfähig, in Christus zu *bleiben*. Wenn wir aus Christus herausgehen, tun wir den Schritt in einen Abgrund, ins absolute Nichts, hin zu einem Ort, wo es keinen Schutz gibt. Wenn wir nicht mehr gehorchen, ziehen wir uns auch von der Gnade zurück. Wir sind dann wieder «Knechte der Sünde» (Röm. 6,16). Also sagte der Pfarrer im Grunde nichts anderes als folgendes: «Ich bin zwar gelegentlich noch ein Knecht des Gesetzes der Sünde, aber ich fühle mich sicher in diesem ‹todverfallenen Leibe› (Röm. 7,24).»

Nach Auskunft von Paulus ist das jedoch absolut kein sicherer Aufenthaltsort: «Denn wenn ihr nach dem Fleisch lebt, so werdet ihr sterben müssen; wenn ihr aber durch den Geist die Taten des Fleisches tötet, so werdet ihr leben» (Röm. 8,13).

Wie sicher dieser Mann war, bevor er sich entschied, seine alten unreifen Muster der Rebellion gegen seine Mutter aufzugeben (das heißt, bevor er sich entschied, aus dem Gesetz herauszukommen, sich anzunehmen und aus dem Zentrum heraus zu leben, in das er Christus hineingebeten hatte), kann man daran ermessen, wie sicher jemand ist, der noch versucht, das Gesetz zu halten. Meiner Meinung nach war er alles andere als sicher, und er hatte keine Ahnung von der Freiheit, die wir als Kinder Gottes haben können. Es ist keineswegs sicher, sich selbst zu hassen, neben sich selbst herzulaufen als unreifes Kind oder als Knecht der Sünde.

Obwohl jeder dieser Männer letztlich verantwortlich war für die Art, wie er seine inneren Schmerzen zu lindern versuchte, brauchten sie alle Heilungsgebet, um frei zu werden. Jeder befand sich in einer Art Hörigkeit, von der er selbst sich nicht lösen konnte. Es ging ihnen wie der Frau, die durch einen Geist der Krankheit achtzehn Jahre lang verkrümmt gewesen war, die vornüber gebeugt war und sich nicht aufrichten konnte:

«Als aber Jesus sie sah, rief er sie zu sich und sprach zu ihr: Frau, sei frei von deiner Krankheit! Und er legte die Hände auf sie; und sogleich richtete sie sich auf und pries Gott» (Lk. 13,12-13).

Wie der Körper dieser Frau ist das Denken von Leuten wie Richard und David verkrümmt und gebeugt. Sie können sich nicht aufrichten und vom Sieg Jesu her leben. Im Heilungsgebet lösen wir sie von ihrer Unsicherheit, aus dem Zugriff, den die Muster des Selbsthasses, der Rebellion und lüsterner oder verlogener Phantasien auf ihren Geist haben. Genau wie Jesus der Frau gebot, sich aufzurichten, sagen wir dann diesen lieben Menschen: «Du bist jetzt frei, von deiner Mitte aus zu leben. Nun tu es auch! Warte in seiner Gegenwart, bis du dich selbst in ihm völlig annehmen kannst. Gib deinen Stolz auf, der dich von dieser Einstellung zurückhalten könnte.» Es ist keineswegs sicher, neben sich herzulaufen; es ist auch nicht sicher, unreif zu bleiben und aus der Haltung eines ungeheilten kleinen Jungen oder Mädchens heraus zu leben.

Unser Gott wartet sehnsüchtig darauf, uns die Jahre zu erstatten, die das Gewürm und die Heuschrecken gefressen haben (Joel 2,25). Er wandelt die alten Wunden, den Kummer und die Entbehrungen in heilende Kraft um. Das wollte er auch in Pastor Davids Leben tun. Wir mußten nur in seiner Gegenwart auf den Schlüssel warten, den Schlüssel, der, war er erst einmal im Gebet im Schloß gedreht, uns zur Wurzel des Problems bringen und David helfen würde, seinen schlimmen Selbsthaß zu überwinden, sich selbst anzunehmen und aufrecht zu stehen. Nach einer ersten Gesprächsphase, die wir schon geschildert haben, war der Schlüssel plötzlich da. Auch wenn er selbst nicht gleich merkte, daß es sich um den gesuchten Schlüssel zu seinem Grundproblem handelte, erkannte ich ihn sofort.

Wenn wir ein Gebet zur Heilung von Erinnerungen anfangen, bitte ich den Herrn immer, *genau die Dinge*, über die wir sprechen müssen, aus der Tiefe des Herzens des Hilfesuchenden hervorzuholen. Ich glaube nämlich nicht, daß David sich sonst überhaupt an diese Geschichte erinnert hätte. Er erzählte mir eine Begebenheit, die kürzlich geschehen war, als sein Bruder ihren alten Vater von der Farm aus zu einem etwa zehn Meilen entfernten alten Friedhof gebracht hatte. Keiner hatte sich erklären können, warum der Vater plötzlich zu diesem verborgenen, völlig abgelegenen Platz hatte gehen wollen. Der Sohn hatte den Vater hingebracht und geduldig und still gewartet, während der alte Mann die Grabsteine auf dem völlig überwachsenen, von Zeit und Menschen vergessenen Friedhof abgesucht hatte. Und in dem Moment, als der alte Mann offenbar das gesuchte Grab gefunden hatte, war plötzlich ein anderer alter Mann aufgetaucht. Er schien den völlig überraschten Vater zu kennen, und wild gestikulierend hatte er gesagt: «Oh ja, ich kann mich noch an den Tag erinnern! Ich weiß noch genau den Tag!!» Und er war fortgefahren und hatte nicht auf Davids Vater geachtet, der versucht hatte, ihn zum Schweigen zu bringen, ganz außer sich vor Angst, sein Sohn könnte hören, was der andere sagte. «Ich erinnere mich noch gut an deinen Vater, den alten Indianer, und wie sie sich damals weigerten, ihn auf dem christlichen Friedhof zu begraben. Ich weiß noch, wie sie ihn hierher brachten zur letzten Ruhe.»

Das war also die Geschichte – die Geschichte von dem Großvater, dessen Namen und Existenz seine fünf Enkelkinder niemals hatten erfahren dürfen – eine Geschichte, die ein Licht wirft auf die bis in die Kolonialzeit zurückreichenden Vorurteile, auf die Ignoranz und den Haß in einer Ortschaft. Und was hatte dies alles bewirkt? Das war es, womit sich ein Dreivierteljahrhundert später Pastor David, sein noch lebender Bruder und seine Schwester noch immer herumschlagen mußten. Manchmal bringt uns genau das, was wir nicht wissen, um.

Aufgrund der rassistischen Einstellung der Ortsbewohner hatte die Familie natürlich sehr unter dem Gefühl des Abgelehntseins zu leiden. Wie ein Kind sich selbst durch die Augen der anderen sieht, so sah auch diese Familie sich selbst mit den Augen der Menschen im Ort. Aber im großen und ganzen hatte eher die Familie selbst als die Gesellschaft den Mann abgelehnt. Bei all ihren Bemühungen, gerade in derjenigen Gemeinde akzeptiert zu werden, die ihren Vorfahren abgelehnt hatte, war das Ende vom Lied gewesen, daß sie versucht hatten, die bloße Existenz dieses Mannes aus ihrem Gedächtnis zu streichen.

Es gibt keine tiefere Zurückweisung als die Nichtanerkennung der Existenz eines Menschen in der Gegenwart oder sogar in der Vergangenheit.

«Wir hegen die seltsame Illusion, die Zeit allein schon erledige die Sünde. Ich habe andere und auch mich selbst wieder und wieder, sogar mit lachendem Gesicht, Grausamkeiten und Lügen aus der Jugendzeit erzählen hören, als gingen sie den jetzigen Erzähler gar nichts an. Aber die Zeit allein bedeutet nichts, weder für die Tatsache der Sünde noch für die Schuld. Die Schuld wird nicht durch die Zeit abgewaschen, sondern durch Reue und durch das Blut Christi.»[2]

In diesem Fall schien es fast so, als ob das Blut dieses Mannes noch aus der Erde nach Gerechtigkeit schrie, nach der Gerechtigkeit, anerkannt zu werden als einer, der einmal existiert hat. Eins jedenfalls war sicher: seine Existenz in den Genen seiner Nachkommen schrie nach Anerkennung. Wir können keine lebendige Seele von uns trennen, ohne uns selbst Schaden zuzufügen. Das ist das Gesetz der Liebe. Wir sind viel komplexer miteinander verwoben, als die meisten von uns es je in diesem Leben verstehen können. Dichter mit ihren Bildern wie beispielsweise dem Bild «kein Mensch ist eine Insel» lassen das manchmal erahnen. Wir können nicht einfach ein Familienmitglied aus der Familie heraustrennen, ohne damit einen Teil von uns selbst abzuschneiden, und schon gar nicht, wenn es sich um Vater oder Mutter handelt. Indem sie ihren Vorfahren «gehaßt» hatten, hatten sie sich selbst gehaßt. Hinter dem vernichtenden Selbsthaß, der alle Familienmitglieder gequält hatte, stand die totale Zurückweisung ihres Erzeugers. Dies war auch der Hintergrund der Männlichkeitskrise in dieser Familie, der Grund, weshalb die Männer der Familie sich nicht als Männer akzeptieren konnten.

«Du sollst deinen Vater und deine Mutter ehren, wie dir der Herr, dein Gott, geboten hat, auf daß du lange lebest und dir's wohlgehe in dem Lande, das dir der Herr, dein Gott, geben wird» (5. Mose 5,16).

Die schmerzliche Reaktion eines Kindes gegenüber dem Elternteil, der es verlassen, ihm Unrecht zugefügt hat oder es immer wieder enttäuscht, führt oft zu einem inneren Schwur des betreffenden Kindes. Ich treffe immer wieder Männer, die von ihrer männlichen Seite entfremdet sind, weil sie solche Kindheitsschwüre oder irgendwelche Schwüre in bezug auf ihren Vater getan haben:

«Ich werde ihn nie, nie mehr lieben.»

«Ich schwöre, daß ich nicht so werde wie er, wenn ich groß bin.»

«Diesmal ist er zu weit gegangen. Ich werde ihn niemals wieder an mich heranlassen.»

«Ich werde ihm nie mehr die Gelegenheit geben, mir weh zu tun. Ich streiche ihn einfach aus meinem Leben.»

Indem sie den Vater durch einen Eid von sich selbst abtrennten, trennten sich diese Männer in der Tiefe ihrer Psyche von ihrer maskulinen Seite ab. Indem sie den Vater zurückwiesen, anstatt ihm zu vergeben, wiesen sie mit ihm auch sich selbst zurück und versuchten ihn auszulöschen – etwas, was solche Männer dann stets von neuem versuchen. Ein solcher Kindheitsschwur kann außerordentliche Macht haben und schweren psychischen Schaden hinterlassen. Auch all unsere anderen menschlichen Beziehungen nehmen dadurch Schaden. Wenn diese Männer im Gebet ihre kindlichen Schwüre zurückgenommen und ihren Vätern vergeben haben, werde ich oft innerlich geführt, Gott zu bitten, die Väter in ihren Körpern selbst zu segnen, sozusagen in ihren Genen. Wenn sie ihre Väter annehmen, ist es gerade so, als ob sie den Teil ihres Vaters annehmen, den er ihnen sowohl biologisch als auch psychisch vererbt hat. Die Freude und Erleichterung, die ein solches Annehmen mit sich bringt, ist oft geradezu überwältigend. Es ist immer schmerzlich, vom Vater getrennt zu sein, ganz gleich, wie verletzt oder schuldig er gewesen sein mag. Uns selbst abzulehnen, indem wir ihn ablehnen, verstärkt den Schmerz noch.

An Davids Geschichte wird deutlich, wie eine Familie aussieht, die von ihrer männlichen Seite abgeschnitten ist. Durch den Haß auf die Vorfahren haßten sich die einzelnen Familienmitglieder auch selbst. Hinter dem Selbsthaß, der die ganze Familie erdrückte, stand die Zurückweisung und Ablehnung des Großvaters, eine Ablehnung, deren Grund das rassische Vorurteil war, unter dem sie zu leiden hatten.

Weil von Natur aus der Vater derjenige ist, der die Söhne und Töchter in ihrer geschlechtlichen Identität und als Personen bestätigt, und weil sie von diesem Vater abgeschnitten waren, hatten sie auch keinen Zugang mehr zu der Möglichkeit, sich selbst anzunehmen. Die Söhne konnten sich nicht als Männer akzeptieren. Als Familie waren sie nicht mehr wirksam mit ihrer maskulinen Seite verbunden. Sie waren deshalb unfähig, die Veränderungen einzuleiten, die nötig gewesen wären, um die Familie aus der tiefen Depression herauszureißen und wieder in ihre Mitte zu bringen: den Ort, wo Christus immer neu reinigt, heilt und ganz macht.

Das Bekennen von Sünde (die, wie wir gesehen haben, nicht durch die Zeit getilgt werden kann) und die Bereitschaft zur Vergebung – nicht nur gegenüber den Menschen aus dem Ort, sondern auch gegenüber den Familienmitgliedern, die den indianischen Großvater aus ihrem Gedächtnis hatten auslöschen wollen – ist der Weg, den Gott für die Heilung einer solchen Familie vorgesehen hat. Deshalb beteten Pastor David und ich in diesem Sinne. Wir bekannten alle gegen den Großvater begangenen Sünden, die bewußten und unbewußten, die von der Familie und die von der Dorfgemeinschaft begangenen. Wir bekannten sie alle, die Sünden des Vorurteils, des Hasses, der Lieblosigkeit und des Versagens, die Eltern zu ehren, sowie alle anderen Sünden, die uns einfielen. Wir nannten sie alle vor dem Herrn, und dann dankten wir Gott für seine Vergebung.

Solche Gebete nennt man «Sühnegebete». Es sind Gebete, in denen wir so genau wie möglich die Sünden einer Familie, eines Volkes, einer Nation oder in einer speziellen Situation begangene Sünden bekennen. Christus hat alle Sünden vollkommen gesühnt, und durch unser Buße und das Bekennen jeder bekannten und unbekannten Sünde bringen wir diese unter die Kraft seines Blutes. Damit behaupten wir nicht, daß durch dieses Gebet Leuten, die in der Vergangenheit gelebt haben, ihre Sünden vergeben werden, sondern wir sagen, daß durch ein solches Gebet die Macht der Sünden anderer, egal ob sie in der Vergangenheit oder der Gegenwart begangen wurden, über die jetzt Lebenden gebrochen wird.[3]

Durch Buße und das Blut Jesu Christi war nun also der Weg frei, daß das Familientrauma mit all den üblen Auswirkungen auf die Familie von Pastor Davids Seele genommen werden konnte. Dieses Gebet sollte nun (und tat es wirklich!) das Haupthindernis entfernen, das Pastor David von der Art Selbstannahme zurückhielt, die er brauchte, um aus seiner Mitte heraus leben zu können. Ich weiß nicht, was Sühnegebete sonst noch alles bewirken können, aber ich glaube: sehr vieles. Auch andere Familienmitglieder, die längst aus Pastor Davids Gesichtskreis verschwunden waren, würden jetzt viel leichter innere Heilung erfahren.

Ich betete mit David ähnlich wie zuvor mit Richard, indem ich ihm half, Jesus mit den Augen seines Herzens zu sehen, ihm alle Sünden zu bekennen und Vergebung zu empfangen. Ich betete für den *Mann* in ihm, daß Gott, der Vater, ihn finden und als Mann, als jemanden, der die Wahrheit sagt und auch tut, bestätigen möge. Später schrieb er mir: «Ich werde nie den Tag vergessen, an dem ich zugleich ein Junge und ein Mann wurde, den Tag, als Jesus noch einmal durch mein ganzes Leben ging und mich als Sohn bestätigte.» Außerdem half ich ihm beim Einüben des hörenden Betens, der Möglichkeit, seine alten negativen Muster des Selbsthasses auszutauschen gegen das heilende Wort, das Gott ständig zu uns spricht.

Ein Jahr danach schrieb er mir: «Fünfzig Jahre lang habe ich mich buchstäblich Tag und Nacht abgehetzt, um Frieden zu finden. Aber ich habe ihn erst gefunden, als wir gebetet haben und ich *jemand* wurde. Mein ganzes Leben hat sich verändert. Es gibt immer noch Zeiten, in denen ich glaube, daß ich diesen Frieden nicht verdient habe. Wenn das geschieht, denke ich wieder an das Gebet, im Verlauf dessen ich gleichzeitig zum Mann und zum kleinen Jungen wurde. Es ist so wundervoll zu wissen, daß mein Leben einen Sinn hat, daß ich nicht im Weg stehe. Nach all den Jahren der Frustration, der Angst, der Qual und des Versagens hat sich mir eine völlig neue Welt aufgetan. Ihn zu kennen und *zu wissen*, daß er alles über mich weiß und mich trotzdem liebt, gibt mir eine tiefe Zuversicht. Er ist meine Zuversicht, mein ein und alles. Mein Leben hat Gesundheit und Integrität gewonnen, die nur von Gott kommen kann. Jetzt mit Fünfzig habe ich den Spaß am Leben, der mir mit fünf Jahren fehlte.»

Das Ausmaß, in dem Gott diesem Mann die Jahre erstattet hat und noch erstattet, die «die Heuschrecken gefressen haben», kann nur als Wunder betrachtet werden. Seine Frau staunt ständig über die Veränderung, die in ihm vorgegangen ist. «Eine der entscheidenden Auswirkungen, die seine Veränderung für mich mit sich gebracht hat, ist die, daß er mich *ich selbst sein läßt*», sagte sie. Sie und andere Menschen können sich jetzt mit ihm verständigen. Jetzt, wo er auf Gott hört und wieder in Verbindung mit seinem Inneren ist, kann er andere so stehenlassen, wie sie sind. «Dreißig Jahre lang hat es mir keinen Spaß gemacht, mit ihm zu reden; jetzt läßt er mich sprechen und fühlt sich nicht gleich angegriffen. Ich habe jetzt eine Stimme bei ihm!» Da sie aus derselben Gegend stammt wie ihr Mann und im Gebrauch schillernder Übertreibungen geübt ist, ruft sie aus: «Ich könnte vor Glück immer noch ohnmächtig werden!»

Mehr über Kindheitsschwüre: Wenn es schwerfällt, ein Elternteil zu ehren

Als ich kürzlich vor Ärzten ein Referat über die Folgen solcher Kindheitsschwüre hielt, begann die Frau eines Arztes, die unter den Zuhörern saß, bitterlich zu weinen. Sie litt unter einer zermürbenden Unfähigkeit, mit ihrem Mann, ihren Kindern oder mit Gott zu kommunizieren. Während ich sprach, war ihr ein solcher Kindheitsschwur wieder eingefallen: Nie mehr von sich aus mit ihrem Vater zu sprechen. Sie hatte nur noch mit ihm gesprochen, wenn sie dazu gezwungen worden war. Das hat so tiefe Spuren in ihrer Psyche hinterlassen, daß alle späteren Beziehungen darunter litten. Sie konnte einfach nicht mehr offen mit den Menschen reden, die sie am meisten liebte. Im Gebet sagte sie sich von dem Schwur los und wurde geheilt. Jetzt wird ihr Mund nicht mehr durch einen vergessenen Kindheitsschwur verschlossen sein.

Diese Art des Gebets ist im Fall von Menschen nötig, die von ihrer maskulinen oder femininen Seite entfremdet sind. Sie brauchen Hilfe, um sich von dem Kindheitsschwur lossagen zu können, der sie nicht nur von dem betreffenden Elternteil trennt, sondern auch von dessen Geschlechtsidentität, die je ein Teil von ihnen ist. Wenn man einem Elternteil nicht völlig vergeben kann, bringt man sich um den Segen am eigenen Geist, an der eigenen Seele und am eigenen Körper.

Ein Kind kann selten zwischen den Eltern als Personen und ihrer Sünde, Krankheit oder Schwäche differenzieren. Für das Kind sind die Eltern und ihr Verhalten ein und dasselbe. Um später frei zu sein, muß der Sohn oder die Tochter diese Differenzierung lernen. Er/sie muß die Sünde vergeben und den Sünder annehmen. Um das tun zu können, müssen sie *«die Gabe der göttlichen Objektivität»* erlangen, wie ich es nenne.

Ohne diese Gabe ist ein Mensch, der solch einen Kindheitsschwur zurücknehmen muß, manchmal empört darüber, daß so etwas von ihm verlangt wird. Mit einer Stimme, in der gekränktes Staunen, Ärger und Bitterkeit mitschwingen, werden die furchtbaren Kränkungen aufgezählt, die ihm sein Vater oder seine Mutter zugefügt hat. Und dabei können wir erfahren, was es für die betreffende Person bedeutet hat, unter einem «verkrümmten» Elternteil zu einem aufrechten Menschen heranzuwachsen; einem Elternteil, der vielleicht alkoholabhängig, sexuell pervertiert, geistig unausgeglichen, grausam autoritär oder einfach lieblos war. Die große Sehnsucht nach der Liebe des betreffenden Elternteils und die Unmöglichkeit, sie zu erlangen, macht oft den schwerwiegenderen Teil der Verletzung aus. Der Kindheitsschwur wird oft ausgesprochen, um sich nicht mehr nach der Liebe ausstrecken und sich nicht immer noch mehr Verletzungen und Enttäuschungen aussetzen zu müssen. Wenn die betreffende Person sich dann von dem Kindheitsschwur lossagen soll, ist es ihr manchmal, als akzeptiere sie das elterliche Benehmen im nachhinein und setze sich damit erneut dieser verletzenden Macht des betreffenden Elternteils aus.

Solche Menschen brauchen ein neues Verständnis. Sie müssen erkennen, daß sie immer noch subjektiv auf die Lebensumstände ihrer Jugend reagieren. Um frei zu werden, müssen sie über ihre subjektive Haltung hinauswachsen zu einer objektiven. Anders ausgedrückt: sie müssen sich aus der subjektiven (unmündigen) Haltung eines Kindes erheben, das hilflos bestimmten elterlichen Verhaltensweisen gegenübersteht, und zu einer objektiven, sicheren, freien Haltung gelangen, aus der heraus sie die Situation so analysieren, benennen und akzeptieren können, *wie sie wirklich ist und war.* Es ist ein hartes Stück Arbeit, mit der Finsternis bei den eigenen Eltern konfrontiert zu werden und sie einzugestehen. Aber durch Gebet können die Widerstände gegen eine solche Konfrontation und Benennung überwunden werden. Nur so können die betroffenen Menschen ihre Identität sowohl von der der Eltern als auch von vergangenen Situationen trennen und zu wahrer Vergebung gelangen. Und nur so können sie auch damit beginnen, die volle Verantwortung zu übernehmen für ihre eigenen schmerzlichen Reaktionen auf das Problem. Sie können in dieser Angelegenheit ihrerseits Buße tun und ihre Sünden bekennen.

«Aber, *ich habe* meinem Vater doch vergeben, und ich vergebe ihm immer wieder», sagen solche Leute dann oft, worauf ich meist antworte: «Aber Sie erwarten immer noch, daß er sich ändert (oder Sie sind immer noch wütend, daß er sich nicht geändert hat)» und/oder, je nach den Umständen, ich antworte: «Sie wollen immer noch die Bestätigung von ihm haben, die er Ihnen nicht geben kann.» Oder anders gesagt: «Sie versuchen zwar, Ihrem Elternteil zu vergeben, aber sie akzeptieren ihn nicht als den armen Menschen, der er in Wirklichkeit ist.» Und dann bemühe ich mich, den Betroffenen zu helfen, zwischen ihrem Elternteil und dessen Krankheit und Sündhaftigkeit zu differenzieren. Fast alle von ihnen haben geglaubt, ein Elternteil so anzunehmen sei gleichbedeutend mit dem Annehmen und Akzeptieren von dessen Sünde und innerer Verkrümmtheit. Dem Elternteil muß vergeben werden, und *er muß objektiv angenommen werden als der Mensch, der er war und der er jetzt in diesem Augenblick ist,* auch wenn seine Sünde, Schwäche und Dunkelheit gleichzeitig ehrlich beim Namen genannt und bekannt wird und wenn ihr entsagt wird für das, was sie war und in Zukunft vielleicht noch sein wird. Die Auswirkungen dieser Sünde auf den Sohn oder die Tochter werden dann im Gebet gebunden, und das Kind muß von aller geistlichen oder seelischen Einengung befreit werden, die von diesem Problem seines Elternteils hervorgerufen wurde.

Aber hier ist Vorsicht geboten. Ein Kind betrachtet den Verlust eines Elternteils, sei es nun durch Tod, Scheidung oder andere Gründe, immer als persönliche Zurückweisung. Solche Zurückweisungen, von denen wir nicht geheilt sind, projizieren wir auf andere. In der heutigen Zeit, wo viele Kinder von alleinerziehenden Vätern oder Müttern großgezogen werden, stelle ich oft fest, daß Kinder die Zurückweisung, die sie durch den Verlust eines Elternteils erlitten haben, auf den erziehenden Elternteil projizieren. (Dabei sei hier noch einmal darauf hingewiesen, daß solche Projektionen immer unbewußt geschehen.) In einer durch die Scheidung der Eltern zerbrochenen Familie geschieht es dann häufig, daß der «treue» Elternteil, der das Kind nicht verlassen hat, zum Sündenbock gemacht wird.

Scheidung ist eine schreckliche Sache, und das Leben kann wirklich hart sein für Kinder, die in einer zerbrochenen Familie aufwachsen. Ich habe schon mehrfach beobachtet, daß geschiedene Mütter für ihre Kinder überkompensieren, daß sie sie verwöhnen und ihnen alles durchgehen lassen, und zwar aus einem falschen Schuldgefühl über die Scheidung heraus. Diese Frauen haben oft alles versucht, um die Familie zusammenzuhalten, aber es ist ihnen aufgrund großer Unreife, Narzißmus oder irgendeiner ähnlichen Eigenschaft ihres Ehemannes nicht gelungen. Da solche Mütter sich für das Scheitern der Ehe verantwortlich fühlen, versuchen sie fast alle, ihren Kindern in übertriebener Weise das Fehlende zu ersetzen, was die Kinder wiederum häufig veranlaßt, das falsche Schuldgefühl als tatsächliche Schuld wahrzunehmen.

Hier – und es gibt sicher noch andere Stellen – können wir sehen, wie ungenau die kindliche Interpretation des Wahrgenommenen ist.

Ich zucke jedesmal zusammen, wenn ich höre, daß ein Kind eine Art Kurzfassung der «Lebensgeschichte» eines Elternteils geschrieben hat. Was Kinder als «Tatsache» sehen, kann genausogut eine psychische Projektion sein. Wenn wir jedoch um die nötige Objektivität beten, werden solche Projektionen erkannt. Es ist durchaus nicht ungewöhnlich, daß ein Kind in dem Augenblick, in dem es einem Elternteil vergeben will, feststellt, daß einige der Klagen gegen diesen Elternteil unbegründet sind und daß sie eigentlich dem *anderen* Elternteil vergeben müssen, dem bisher idealisierten, dessen Abwesenheit sie unbewußt als persönliche Zurückweisung empfunden haben.

«Du sollst deinen Vater und deine Mutter ehren, wie dir der Herr, dein Gott, geboten hat, auf daß du lange lebest und dir's wohlgehe in dem Lande, das dir der Herr, dein Gott, geben wird» (5. Mose 5,16).

Aber wie kann man das, wenn ein Elternteil wirklich pervers ist? Wie ich ja bereits angedeutet habe, können wir Gott auch in einer so schwierigen Angelegenheit gehorchen (denn Gebet kann wirklich alles ändern), und wenn wir es tun, dann werden wir das wirkliche Leben finden. Was wir dazu brauchen, ist die *göttliche Objektivität*, die es uns ermöglicht, die uns nahestehende ungeheilte Seele zu lieben und auf weise Art Mitleid mit ihr zu haben, wobei wir uns gleichzeitig davor hüten, daß uns Schaden zugefügt wird durch die Dunkelheit, die Liebesunfähigkeit oder was immer dieser Seele fehlen mag. Im Rahmen einer solchen Objektivität muß das Verständnis dafür wachsen, daß «Liebe etwas Strengeres und Schöneres ist als bloße Freundlichkeit» (C.S. Lewis), daß solche Liebe nicht so unklug ist, sich wieder unter die Gewalt einer Finsternis zu begeben, die nach einer anderen Seele greift. Denn eine solche Art von «Liebe» oder «Unterwürfigkeit» hilft niemandem.

Ein Gebet wie das folgende kann dazu befähigen, einen Elternteil zu ehren und anzunehmen, bei dem das schwerfällt. Von da aus ist es dann auch möglich, jeden Kindheitsschwur zu widerrufen, den man in bezug auf den Elternteil oder mit ihm zusammenhängende Umstände gemacht hat:

«Vater, ich danke dir, daß du meinen Vater (oder meine Mutter) nach deinem Bilde geschaffen hast. Ich vergebe ihm von ganzem Herzen, daß er nicht all das geworden ist, *wozu er nach deinem Willen geschaffen ist*. Ich erkenne jetzt, daß er die Heilung brauchte, die ich jetzt empfange. Wie ich meinen Vater (jetzt) annehme und ihm vergebe, laß du, Herr, sein Leben, das er an mich weitergegeben hat, all das werden, was du damit beabsichtigt hast. Herr, ich vergebe ihm all seine Übergriffe gegen mich. Ich nehme ihn *so an, wie er ist*, als ungeheilten und bedürftigen Menschen. Ohne deine Gnade wäre auch ich da, wo er jetzt ist. Ich danke dir für alles, was er nach deinem Willen eigentlich hätte sein sollen, für alles, wozu du ihn geschaffen hattest. Ich werde Ausschau halten nach der Person in ihm, als die du ihn eigentlich gedacht hattest, und ich werde diese Person in deinem Namen bestätigen, wann immer ich sie sehe. Jetzt suche ich die Bestätigung, die ich mir immer so dringend von ihm gewünscht habe, bei dir. Wenn du kannst, Herr, dann liebe ihn durch mich.»

Und ich bete so weiter, während das Kind jetzt nicht mehr subjektiv auf den Elternteil zu reagieren braucht, sondern ganz ruhig die Hand zu ihm hinstreckt und ihn segnet, *wenn* die

Gelegenheit sich dazu bietet. (Es hat keine Eile, die Fähigkeit zu «segnen» auszuprobieren; der Sohn oder die Tochter braucht Zeit, um in ihrer neu gefundenen Objektivität zu wachsen – Zeit, in der die gefühlsmäßigen Reaktionen auf den Elternteil sich ändern und die alten subjektiven Denk- und Verhaltensmuster durch gesündere, sicherere ersetzt werden.) Auf diese Weise kann sich der Sohn oder die Tochter selbst als «Segnende(r)» sehen; er/sie braucht sich nicht mehr mit der Tatsache zu quälen, daß der Vater oder die Mutter ihn/sie nicht wieder segnen (oder sich gar ändern) kann.

Dann ist der Weg zur Selbstannahme frei für den Sohn oder die Tochter. Bisher konnte er/sie das ja nicht, weil er/sie unfähig war, die eigenen Vorfahren zu akzeptieren. Deshalb kann er/sie sich selbst nicht mögen oder annehmen. «Bin ich nicht Bein von ihrem Bein, Fleisch von ihrem Fleisch?» denkt er/sie. Und wenn er/sie in den Spiegel schaut, sieht er sie (seine Eltern). Wer seinen Vater oder seine Mutter haßt, haßt letztendlich sich selbst.

Nach solchen Gebeten um die Fähigkeit, einen Elternteil annehmen zu können, fühle ich mich oft geführt, dem betreffenden «Kind» die Hände aufzulegen und für den Vater oder die Mutter zu beten, wie er oder sie sich (genetisch, biologisch, psychologisch oder wie auch immer) in den Zellen von Sohn oder Tochter fortgepflanzt hat. Ein solches Gebet ist immer spannend und frohmachend, der Augenblick, in dem das Kind den Segen Gottes über den Teil seiner selbst anerkennt und empfängt, den es von dem vorher nicht annehmbaren Elternteil geerbt hat. Von einem solchen Gebet geht erstaunlich viel Segen aus, und es findet wirkliche Annahme statt.

Ich betete zu Gott, er möge den Indianer in Pastor David segnen, und es war, als ob er mit einem lange verlorenen Teil seiner selbst wieder eins wurde. In den Vereinigten Staaten brauchen Tausende von schwarzen Menschen, insbesondere schwarze Männer, genau diese Art von Erkenntnis, Gebet und Heilung, die Pastor David empfing. Die Männlichkeitskrise unter den Schwarzen in unserem Land kann und muß geheilt werden. Hoffentlich geschieht das bald! Ich brauche wohl nicht speziell zu betonen, daß Indianer, Schwarze, Juden und andere, die aufgrund ihrer Rasse Ablehnung erfahren haben, ganz besonders der Heilung ihrer Erinnerungen bedürfen. Die folgende Geschichte ist ein Beispiel dafür, wie schwierig es manchmal sein kann, einen Elternteil so anzunehmen, wie er ist. Die Geschichte offenbart außerdem den ständigen Kampf, den es mit sich bringt, wenn man sich selbst nicht annehmen kann, wenn man nicht zu dieser «göttlichen Objektivität» gelangt.

Der Arzt, der sein Spiegelbild haßte

Ein bei allen beliebter Arzt und Christ hatte große Schwierigkeiten, sich selbst ganz anzunehmen. Jeden Morgen beim Rasieren wurde er an diese Not erinnert, denn er konnte sein Spiegelbild einfach nicht sehen. Er ist ein Mann, den Gott auf wunderbare Weise einsetzt, und deshalb betete er immer wieder um die Gnade, dieses Problem des Selbsthasses überwinden zu können – und wenn es nur dazu dienen sollte, seine Berufung von Gott annehmen zu können. Weil er von Gott beauftragt und befähigt war, für Kranke zu beten, *mußte* er, zumindest zeitweise, aus seiner Mitte heraus leben. Aber er *kennt* die Gefahr, vor dem vollkommenen Willen Gottes davonzulaufen, indem er sich selbst nicht annimmt, neben sich selbst steht und sich selbst voller Mißtrauen und Lieblosigkeit betrachtet.

Je mehr er von anderen geliebt und bewundert wurde und je erfolgreicher er als Arzt und Christ in der Öffentlichkeit wirkte, desto mehr quälte ihn sein Selbsthaß. Alle möglichen Ängste stürmten auf ihn ein: «Warum suche ich gerade die Freundschaft gutaussehender, athletischer Männer?» Bevor er sich in der christlichen Arbeit engagiert hatte, hatte er seine Gefühle, seine Ängste und Sehnsüchte, seine Nöte und seine Einsamkeit für sich behalten. In der Tat hatte er vor seiner Erfahrung der Erneuerung im Heiligen Geist ein hartes, autoritäres Regiment über sich und seine Familie ausgeübt, eine Art Alleinherrschaft, die kein echtes Gespräch und keine Nähe mit ihnen zuließ. Nur sehr selten gab es deshalb für ihn so etwas wie echten Austausch, denn auch mit seiner Frau sprach er kaum. Wenn er sich geöffnet hätte, wären seine Ängste, wenn auch nur für einen Augenblick, sichtbar geworden, und dann hätte er noch Schlimmeres von sich denken müssen. Aber ganz allmählich, während er in die Gegenwart des Herrn kam, sah er auch sein eigenes Herz und fand den Mut, seine Gefühle und seine Ängste anzusehen. Nachdem er einen Vortrag von mir gehört und das Buch «Das zerbrochene Bild» gelesen hatte, erkannte und stellte er sich der Tatsache, daß er von seiner maskulinen Seite abgeschnitten war, auch wenn sich das nicht in Form einer sexuellen Störung äußerte. Er konnte sich einfach nicht als Mann akzeptieren.

Er kam, um mit mir über seine Ängste zu sprechen. Seine größte Angst wurde durch die Frage hervorgerufen: «Warum sehne ich mich so verzweifelt nach männlicher Freundschaft? Stimmt da wirklich etwas nicht mit mir? Ich habe mich selbst nie als männlich betrachtet; ich meine: nicht als ‹gutaussehend, robust, athletisch›. Ich betrachte mich als anders, als etwas sonderbar, als jemand, der sich nach männlicher Anerkennung und Kameradschaft sehnt. Ich bin gern kreativ, ich liebe Gartenarbeit, Bücher, Reisen, ziehe mich gern gut an, ich mag Menschen, umarme meine Freunde gern. Ich habe dauernd das Gefühl, ich müßte mich dafür entschuldigen, daß ich so bin, ich müßte versuchen, meine Kreativität und meine Gaben zu verstecken.»

Während unseres Gesprächs wurde schnell klar, daß der Gedanke an seinen Vater ihn belastete: «Ich habe mich von meinem Vater nie geliebt oder bestätigt gefühlt. Ich kann mich nicht erinnern, daß er mich je umarmt oder mir gesagt hat, daß er mich liebe, daß ich ein guter Sohn sei oder daß er stolz auf mich sei.»

Wenn es jemals einen Mann gegeben hat, der seinem Vater gegenüber von einer subjektiven in eine objektive Haltung gebracht werden mußte, dann war es dieser Mann. Er sehnte sich noch immer nach der Liebe und Bestätigung seines Vaters; immer noch wurde er wütend auf den Vater, weil er ihm diese Liebe nicht gab. Er wartete darauf, daß sein Vater sich änderte, und immer wieder durchlief er die ganze Bandbreite der Gefühle, wenn er auf seinen Vater zuging, der jedoch genauso war wie immer, nämlich lieblos, verständnislos, voller Vorwürfe gegen andere, daß sie ihn vernachlässigten. Als ich ihm nahelegte, daß er als Arzt doch in der Lage sein müßte, zu so viel Objektivität zu gelangen, daß er seinen Vater als den sehen und annehmen könnte, der er war, und daß wir dafür beten könnten, ging seine Stimme eine Oktave höher: «Sie wissen ja gar nicht, um was Sie da bitten! Wir können ihn doch nicht einfach *so* akzeptieren.» Und jetzt folgte, was es für ihn bedeutet hatte, inmitten von Verkehrtheit und Verdrehtheit zu einem aufrechten Menschen heranzuwachsen. Sein Vater war reich, aber gleichzeitig ein Geizhals. Obwohl er in Oregon Tausende von Hektar fruchtbarer Obstplantagen besaß, gab er seiner Frau oder seinen Kindern nie etwas, das etwas kostete – weder in Form einer liebevollen Tat noch in Form eines auch noch so kleinen Geschenkes. Einer der bittersten

Vorwürfe gegen seinen Vater lautete: «Er hat mir nicht ein einziges Mal etwas geschenkt. Er war ein reicher Mann, aber zum Geburtstag gab er mir Gutscheine, die ihn keinen Pfennig gekostet hatten.» Seine ganze Schul- und Collegezeit hindurch hatte der Sohn in den Ferien auf den Obstplantagen seines Vaters gearbeitet. Obwohl er gut bezahlt worden war, hatte er nie das Gefühl gehabt, daß sein Vater und er in dem Betrieb Partner waren. Sein Vater verhielt sich ihm gegenüber genauso distanziert wie den anderen Arbeitern gegenüber. Durch seine Arbeit lernte er das Ausmaß des väterlichen Besitzes kennen, und er bemerkte bitter: «Meine Mutter starb, ohne auch nur die primitivsten Haushaltsgeräte gehabt zu haben und ohne einen Pfennig in ihrer Tasche. Er kaufte sogar die Lebensmittel ein.»

Während er mir erzählte, wie sein Vater mit ihm gesprochen und sich ihm gegenüber verhalten hatte, kam es mir wie ein Wunder vor, daß er so vor mir saß. Wirklich ein «Wunder», das allerdings in seiner männlichen Identität und als Person noch bestätigt werden mußte und dem außerdem noch die Objektivität fehlte, um mit dem Problem seiner Vaterbeziehung kreativ umgehen zu können. Es gibt sicher nur wenige Söhne, die eine Negation wie diese überleben. Als ein Mann, der das Leben und die Liebe verneinte, hatte dieser Vater es dennoch nicht vermocht, den Geist, das *Leben* in seinem Sohn zu ersticken. Es schien fast, als hätte er eben das versucht, wenn auch unbewußt. Er hatte seinen Sohn schrecklich verwundet, und wenn Gott diesem Sohn nicht geholfen hätte, wäre er wohl seinem Vater immer ähnlicher geworden durch den Haß oder die Unfähigkeit zu vergeben.

Das ist nämlich das Problem des Kindheitsschwurs, des festen Entschlusses eines Kindes, «niemals wie der Vater zu werden». Wenn wir unsere Eltern nicht annehmen, *so wie sie sind*, und ihnen vergeben, ist es unmöglich, unsere Identität von der ihren zu trennen und uns selbst anzunehmen. Wir laufen dann Gefahr, ihnen immer ähnlicher zu werden. Vollständige Vergebung ist ein göttlicher Akt, und zur vollständigen Vergebung brauchen wir das Eingreifen Gottes. «Das stimmt», sagte der Arzt zu dieser Erkenntnis, «bevor ich Christ wurde und mit der Arbeit des Vergebens begann, bin ich ihm jedes Jahr ein bißchen ähnlicher geworden.»

Die Arbeit der Vergebung war in Dr. L.'s Leben jedoch noch nicht beendet. Er war jetzt mit der Notwendigkeit konfrontiert, die Gabe der Objektivität Gottes zu erhalten, um aus der subjektiven Kleiner-Junge-Haltung seinem Vater gegenüber zur Mündigkeit des Erwachsenen zu gelangen, die es ihm ermöglichen würde, sich über ein Problem zu stellen, realistisch zu erkennen, was es ist, es vor Gott zu benennen, es von ganzem Herzen zu vergeben und nicht mehr voller Bitterkeit darin gefangen zu sein. Es ist ein Unterschied, ob man von einer hohen Warte aus auf ein Problem hinunterblickt, unter dem man leidet, oder ob man wie ein gefangener Vogel seine Füße im Netz hat. Um die objektive Haltung einnehmen zu können, mußte Dr. L. nun seinen Vater als den Mann annehmen, der er wirklich ist und schon immer war. Nachdem ich ihm diese Notwendigkeit erklärt hatte, half ich ihm beim folgenden Gebet:

«Vater, ich vergebe dir, daß du mich nicht lieben konntest; daß du unfähig warst zu geben – mir, meiner Mutter, meinem Bruder oder meiner Schwester. Ich sehe das Krankhafte und Böse deiner besonderen Art von Geiz, so wie sie sind, und ich benenne sie als das Böse, das sie sind, das Böse, das die Macht hatte, meine Mutter, meine Schwester und mich zu verwunden (sie vielleicht sogar tödlich, denn sie starben beide früh an physischen Krankheiten). Daß du uns nie als *Personen* sehen oder behandeln konntest, daß du nie das Leben bestätigen konntest, das uns gegeben war, sondern daß du nur alles auf dem Hintergrund deiner kleinlichen und auch pervertierten Wünsche sehen konntest, vergebe ich dir. Ich vergebe dir, daß du nicht das geworden bist, wozu Gott dich geschaffen hat; ich nehme dich so an, wie du eben beschlossen hast zu sein. Ich werde meinen nutzlosen Kampf aufgeben und nicht mehr verlangen, daß du dich änderst, daß du mich liebst, daß du mich anerkennst als eine Person mit Bedürfnissen, Gefühlen, Hoffnungen und Wünschen. Aber weil ich dir jetzt wirklich vergeben kann, werde ich dir nicht mehr die Macht geben, mich oder meine Frau und meine Kinder zu verletzen. Wir nennen das Böse beim Namen, und im Namen dessen, der unser Licht und Leben ist, überwinden wir es, wir schreiten darüber hinaus in der Kraft des Heiligen Geistes. Wenn du es zuläßt, können wir dich jetzt segnen, ohne etwas dafür zu erwarten. Wir weisen deine Versuche ab, uns zum Sündenbock zu machen, sondern durch das Wort der Wahrheit, die Weisheit, die von Gott kommt, richten wir die Anschuldigungen und Projektionen zurück auf dich, und wir überlassen es dir, damit fertig zu werden. Wir wissen jetzt, daß das die wahre Liebe ist, eine Liebe, ‹die härter und herrlicher ist als bloße Güte› (C.S. Lewis). Es ist die Liebe, dieses

Wort der Wahrheit, die dir helfen wird, das Böse zu überwinden, das dich an dich selbst fesselt. Wir verurteilen nicht dich, Vater, aber wir verurteilen das Böse, das uns alle verletzt hat. Und jetzt danke ich dir, himmlischer Vater, daß du dieses Gebet hörst; daß du mir hilfst, meinen Vater anzunehmen und ihm von Herzen zu vergeben; daß du mir die Kraft gibst, nicht länger subjektiv unter dem Bösen, das uns alle gequält hat, zu leiden, sondern mich zu der echten Objektivität zu erheben, die mir eines Tages vielleicht dazu verhelfen wird, für meinen Vater ein Vermittler für deine heilende Liebe zu werden.»

Auf diese Weise gelangte Dr. L. in den weiten Raum, wo er langsam die Bestätigung als Sohn und Mann durch Gott, den Vater, kennenlernte – des größten «Bestätigers». Er hörte die Stimme Gottes, der höchsten Autorität im Bestätigen: «Als ich das erste Mal eine Woche in der Stille verbrachte, hörte ich den himmlischen Vater sagen, daß er mich liebt, daß ich wertgeachtet bin in seinen Augen, daß er mich braucht, um sein Werk zu tun. Das Gehörte durchdrang mein ganzes Sein..., Ich liebe dich, und bringe jetzt deine Sexualität (Männlichkeit) in die Ordnung, damit du in meiner Liebe wachsen und dann den Männern dienen kannst, zu denen ich dich sende.›»

Indem er so auf die bestätigenden Worte Gottes, des Vaters, hörte, begann er eine persönliche, emotionale Beziehung zu ihm anzugehen; so kam er in Verbindung mit der Männlichkeit schlechthin, und diese wiederum entfachte seine eigene Männlichkeit. Und ganz langsam gewann er so die Gabe der göttlichen Objektivität.

Dr. L. konnte jetzt sehen, daß sein tiefes Verlangen nach männlicher Kameradschaft, das ja an sich nie schlecht ist, sondern vielmehr notwendig und gesund für alle Männer, ihn deshalb so erschreckt hatte, weil er erstens Angst davor hatte, von anderen Männern abgelehnt zu werden, und weil er zweitens ein so überwältigendes Bedürfnis nach Bestätigung als Mann durch andere Männer hatte. Zu seinem Vater hatte er nie eine Beziehung gehabt, und so hatte er unbewußt diese Beziehung zum Männlichen bei anderen Männern gesucht. Sein Bedürfnis nach männlicher Bestätigung und Liebe war so stark gewesen, daß er es immer hatte unterdrücken müssen. Da es aber tief in seinem Unterbewußtsein weitergewuchert hatte, tauchte es immer wieder auf in Form von Angst, Schuldgefühlen, sonderbaren Gedanken, genitalen Reaktionen, Impotenz im Zusammensein mit seiner

Frau, und schließlich war es zu ungesunden Phantasien gekommen, um überhaupt sexuell zu funktionieren.

Als Dr. L. sein eigenes Herz sehen und verstehen konnte, brauchte er sein Bedürfnis nach Vaterliebe und männlicher Bestätigung nicht mehr zu unterdrücken. Denn als es erst einmal ins Bewußtsein gerückt worden war und nun vor Gott gebracht wurde, konnte es nicht mehr in allen möglichen sonderbaren Formen hervorbrechen. Durch Buße konnte er die Phantasien überwinden, die er sich als Reaktion auf seine Angst und die Schuldgefühle angewöhnt hatte. Sein Problem mit der Impotenz, den unangebrachten genitalen Reaktionen und den sonderbaren Gedanken klangen ab und verschwanden schließlich ganz.

Von da an wurde er zur Beziehung zu Männern fähig. Er hatte keine Angst mehr, einen Mann zu umarmen, der seine Berührung brauchte, ihn fest an sich zu drücken und mit ihm zu beten – egal, ob in der Funktion als Arzt, der einen kranken Menschen behandelte, oder als Laie, der dazu berufen ist, mit anderen und für andere zu beten. Dr. L. hatte eine große Praxis in einer großen Hafenstadt an der Westküste. Männer und Frauen mit allen möglichen Problemen kamen dorthin. Als Facharzt hat er oft mit medizinischen Problemen zu tun, die spezifisch sind für homosexuelle Männer. Vor seiner eigenen inneren Heilung lösten solche Fälle schreckliche Ängste in ihm aus. «Aber jetzt», so sagte er mit seinen eigenen Worten, «kann ich mit den homosexuellen Menschen sprechen, beten und weinen. Ich bin liebevoll strenger, oder wenn sie so wollen, fester geworden im Gespräch mit diesen Männern über Sexualverhalten.» Dr. L. tut jetzt eine wichtige Arbeit an Männern, die unter sexuellen Störungen leiden, und weil er in einer Weltmetropole lebt und arbeitet, hat er schon Menschen aus vielen Ländern geholfen.

Söhne und Töchter werden gleichermaßen in ihrer femininen Seite bestätigt, wenn sie als Kinder in den Armen ihrer Mutter Geborgenheit bekommen. Wir bekommen dabei ganz engen Kontakt mit dem Femininen unserer Mütter und somit auch mit dem Femininen in uns selbst. Da Dr. L. eine liebevolle und verständnisvolle Mutter gehabt hatte, war seine feminine Seite stark entwickelt, und das war wirklich etwas Gutes. Weil er sich jedoch in seiner maskulinen Seite unsicher fühlte, hatte er Angst und schämte sich seiner Begabungen. Er hatte sogar versucht, seine Kreativität zu verbergen, die dem engen Kontakt mit seinem intuitiven, empfindsamen und mitfühlenden Selbst entsprang.

«Als Leanne und ich über die Ausgewogenheit von Maskulinem und Femininem beteten, fing ich an, mich anders zu sehen. Ich sah mich im Lichte Jesu. Ich sah auch diese Ausgewogenheit in Jesus, das Maskuline und das Feminine in ihm wurden deutlicher, ebenso seine Beziehungen zu Männern und zu Frauen.»

Als der Arzt das begriff, erkannte und akzeptierte er auch seine eigenen einzigartigen Gaben.

Ein anderer junger Mann, der an einer voll ausgeprägten homosexuellen Störung litt, erzählte mir, daß sein Vater nicht ein einziges Mal zu ihm ins Zimmer gekommen war, obwohl sie in einem Haus lebten. Er erzählte mir, er könne sich nicht erinnern, daß sein Vater ihn jemals bewußt berührt habe. Natürlich hatte dieser Sohn als Kind das überwältigende Bedürfnis, seinen Vater zu berühren. Es ist ein Grundbedürfnis jedes Sohnes, den Vater berühren zu dürfen – das gegebene Rollenmodell, von dem ein Sohn seine maskuline Seite empfängt. Niemals den Vater an der Hand gefaßt zu haben, mit ihm herumgetobt zu sein und Seite an Seite mit ihm gearbeitet zu haben, besonders dann, wenn man eng zusammenlebt, kann ein Mangel sein, wie ihn sich die meisten Menschen gar nicht vorstellen können. Wenn dieser Vater nun in anderen wichtigen Bereichen für seinen Sohn dagewesen wäre, dann wäre der Schmerz über die Entbehrung gelindert worden.

Der besagte junge Mann hatte, genau wie Dr. L., nie eine emotionale Beziehung zu seinem Vater gehabt; seine maskuline Seite hatte nie Gelegenheit gehabt, sich am Maskulinen in einem anderen zu entzünden, damit die Flamme übergreifen und es zum Leben bringen konnte. Der durch fehlende väterliche Liebe, Berührung und Kommunikation entstandene Mangel äußerte sich später als zwanghaftes Bedürfnis, andere Männer zu berühren und von ihnen berührt zu werden. Die daraus resultierenden Schuldgefühle machten ihn glauben, er sei homosexuell, und so kam es, daß er in einen homosexuellen Lebensstil hineinrutschte. Ein solcher Lebensstil kann jedoch die erlittenen Entbehrungen nicht wiedergutmachen, was in späteren Jahren ja überhaupt nur schwer gelingt. Genau wie Dr. L. wurde er geheilt, indem er zu Gott, dem Vater, kam und mit ihm eine innere Beziehung einging. Nur er allein kann einen Menschen heilen, der einen so widernatürlichen Mangel erlitten hat wie dieser junge Mann. Nur er allein konnte Dr. L. oder dem anderen jungen Mann diese außerordentliche Freude und Ganzheit schenken, die sie jetzt erleben.

Männer müssen andere Männer fest und angemessen berühren, um sich selbst als Männer kennenzulernen. «Ein Messer wetzt das andre und ein Mann den andern» (Spr. 27,17). In «Real Presence: The Holy Spirit in the works of C.S. Lewis» habe ich geschrieben:

«Weil Himmel und Erde voller Lebewesen und konkreter Dinge sind, die in ihrer Realität kennenzulernen einen mit Ehrfurcht erfüllen kann, wird der Mensch nur heil, wenn er sich nach ihnen ausstreckt, d.h. wenn er nach außen gerichtet ist. Nur durch das Kennenlernen anderer kann er sich selbst kennenlernen, indem er die unglaubliche Vielfalt von Dasein kennenlernt und erfährt, die außerhalb seiner selbst existiert.»[4]

Dieses Prinzip ist besonders bedeutsam in bezug auf Geschlechtsidentität. Das Maskuline im Mann *lernt sich selbst kennen und wird sich seiner selbst bewußt*, wenn es befähigt wird, die Realität in einem anderen männlichen Wesen zu sehen und zu berühren. Wenn ein junger Mann das Glück hat, mit einem Vater aufzuwachsen, dessen Maskulinität sowohl in ihrer transzendenten als auch in ihrer biologischen und psychischen Dimension intakt und bestätigt ist, dann hat er die Chance, seine eigene maskuline Seite zu erfahren und sie in sich zu integrieren. Geistlich, seelisch und körperlich wird er nach außen orientiert sein und dadurch Anregung, Vertiefung und Erweiterung erfahren durch alles, was *ist*, während er mit den ehrfurchtgebietenden Wirklichkeiten, die außerhalb seiner selbst existieren, in Berührung kommt und an ihnen teilhat.

4 Was ist Maskulinität?

«Ja», sagte der Direktor, «es gibt kein Entkommen. Wenn es die jungfräuliche Zurückweisung des Männlichen wäre, würde er sie zulassen. Solche Seelen können am Männlichen vorbeigehen, um weiter oben etwas viel Maskulinerem zu begegnen, dem sie sich vollkommener ausliefern müssen … Dem Männlichen hätten Sie entkommen können, denn das existiert nur auf der biologischen Ebene. Aber dem Maskulinen kann keiner von uns entkommen. Das, was über den Dingen und jenseits aller Dinge ist, ist so maskulin, daß wir im Vergleich dazu alle feminin sind. Sie täten besser daran, sich mit Ihrem Gegner möglichst schnell zu verständigen.»

«Sie meinen, ich muß Christ werden?» fragte Jane.

«Es sieht ganz so aus», sagte der Direktor.

C.S. Lewis, Die böse Macht

Mir schien, daß die intensivste Suche im Leben, das, was irgendwie entscheidend war für das ganze Leben, die Suche des Menschen nach einem Vater war, nicht nur nach einem leiblichen Vater, nicht nur nach dem verlorenen Vater der Jugend, sondern nach dem Urbild der Stärke und Weisheit, das außerhalb seines Bedürfnisses liegt und größer ist als sein Hunger, zu dem der Glaube und die Kraft seines eigenen Lebens vereinigt werden könnten.

Thomas Wolfe, «The Story of a Novel», in The Creative Process: A Symposion

Das transzendente Wesen des Geschlechtes

Anfang unseres Jahrhunderts hielt Karl Stern es für notwendig, seine Leser daran zu erinnern, daß die Sexualität und in der Tat «jede empirische Tatsache ihr eigenes Darüberhinaus enthält».[1] Auch C.S. Lewis erklärte, daß Männlichkeit und Weiblichkeit nicht unbedingt mit den biologischen Merkmalen von Mann und Frau zu tun haben. Er verdeutlicht dies am wirkungsvollsten in seinen beiden Romanen «Perelandra» und «Die böse Macht». Aus dem Munde seines Protagonisten Ransom hören wir dazu einige der besten Erläuterungen von Lewis zu diesem Thema:

«Geschlechtszugehörigkeit ist eine fundamentalere Realität als Sexualität. Diese ist nur die Anpassung organischen Lebens an eine grundsätzliche Polarität, die alle Lebewesen höherer Ordnung scheidet. Weibliche Sexualität ist nur einer von mehreren Aspekten weiblicher Geschlechtszugehörigkeit; es gibt viele andere, und das Männliche wie das Weibliche begegnen uns auf Realitätsebenen, wo die Etikette ‹männlich› und ‹weiblich› bedeutungslos werden. Die männlichen und weiblichen Exemplare organischer Lebewesen sind, in diesem Sinne, nur schwache und verschwommene Widerspiegelungen des männlichen bzw. weiblichen Prinzips. Ihre reproduktiven Funktionen, ihre Unterschiede in Kraft und Größe, stellen einerseits die wirkliche Polarität heraus, verwirren und verfälschen sie jedoch auf der anderen Seite.»[2]

Wenn man über das transzendente Wesen des Geschlechts nachdenkt, kann man nur Ehrfurcht empfinden, denn Sexualität und Geschlecht sind im Wesen Gottes und in seiner Schöpfung begründet. Maskulinität und Femininität haben ihre Wurzeln in Gott und haben deshalb eine absolut transzendente Dimension.

Gott als maskulin und feminin

«Du wirst den in vollkommenem Frieden erhalten, dessen Vorstellungskraft auf dich gerichtet ist» (vgl. Jes. 26,3).

«Phantasie und Begreifen hängen … zusammen»[3], und in der Bildersprache der biblischen Offenbarung hat uns Gott gelehrt, ihn als den Vater zu sehen und anzubeten, der uns liebt, uns gestaltet und Gemeinschaft mit uns sucht: «… weil dich der Herr, dein Gott, lieb hatte» (5. Mose 23,6). «Wenn nun ihr, die ihr doch böse seid, dennoch euren Kindern gute Gaben geben könnt, wieviel mehr wird euer Vater im Himmel Gutes geben denen, die ihn bitten» (Mt. 7,11). «Aber nun, Herr, du bist doch unser Vater! Wir sind Ton, du bist unser Töpfer, und wir alle sind deiner Hände Werk» (Jes. 64,7). «Ein Vater der Waisen und ein Helfer der Witwen ist Gott in seiner heiligen Wohnung» (Ps. 68,6). «Darum sollt ihr so beten: Unser Vater im Himmel! Dein Name werde geheiligt» (Mt. 6,9). Im ganzen Alten und Neuen Testament wird uns Gott als der Vater dargestellt.

Mit Hilfe der biblischen Bildersprache erkennen wir aber auch, daß Gott wie eine Mutter liebt: «Ich will euch trösten, wie einen seine Mutter tröstet» (Jes. 66,13). «Jerusalem, Jerusalem, die du tötest die Propheten und steinigst, die zu dir gesandt werden, wie oft habe ich deine Kinder versammeln wollen wie eine Henne ihre Küken unter ihre Flügel, und ihr habt nicht gewollt» (Lk. 13,34).

Als dieses Kapitel des Buches fast abgeschlossen und fertig fürs Lektorat war, haben mir einige meiner Gebetspartner die Hände aufgelegt und mit mir dafür gebetet, daß ich noch mehr und bessere Worte und Bilder zur Darstellung des transzendenten Wesens des Geschlechts finden möge. In unserem materialistischen Zeitalter ist es nicht leicht, über das transzendente Wesen irgendeiner Sache zu schreiben, besonders wenn es dabei um Geschlecht und Sexualität geht. Da es in diesem Kapitel vornehmlich um das transzendente Wesen der Maskulinität gehen sollte, baten wir besonders dafür um Hilfe. Wenn wir den Blick unseres Herzens auf den Vater richten, daß er uns leitet, dann ist er ebenso bereit, uns ein Bild oder eine Vision zu schicken (wenn wir dafür offen sind) wie auch einen Eindruck, einen Gedanken oder ein Wort. Jemand aus der Gebetsgruppe hatte sofort folgende Vision: «In der Vision sah ich Gott als ‹Mutter›, schwanger mit Kreativität und kurz vor der Geburt. Es schien mir, als ob diese Vision sich auf unsere Gebetsgruppe bezog. Die Kreativität im Leib des Wesens in dieser Vision war energiegeladen, wie kurz vor einem Ausbruch, so als wolle es auf die weltumspannende Szenerie der Schöpfung Gottes Einfluß nehmen. Es war die ‹Mutter› in Gott, die ihre Herde bemuttert, bereit, uns allen wie am Anfang der Schöpfung den göttlichen Atem einzuhauchen.» Das war, gelinde ausgedrückt, natürlich ein sehr weibliches Bild, und meine Gebetspartnerin war ziemlich überrascht. Schnell bat sie uns, um geistliches Unterscheidungsvermögen in bezug auf diese Vision zu beten. Sie hatte zu Gott, dem Vater, aufgeblickt und ihn als Mutter gesehen.

Doch diese Vision war ganz sicher von Gott gekommen. Machtvoll sprach er zu uns über sich selbst, über einen Gott, in dem alles wahrhaft Gute ist, sowohl das Feminine als auch das Maskuline. Ich mußte an das Bild Christi denken, das ich nur wenige Tage zuvor im Gebet gesehen hatte, als ich schrecklich müde und matt gewesen war. Ich war mit furchtbar bösen Dingen konfrontiert worden, als ich am Befreiungsdienst an einigen Leuten teilgenommen hatte, die durch okkulte Aktivitäten sehr gebunden waren. Weil ich so völlig ausgelaugt war, brauchte ich dringend eine erneuernde Berührung Gottes. Als ich zu Jesus aufblickte und ihn um neue Kraft bat, «sah» ich mit den Augen meines Herzens die starke männliche Brust Jesu und seine Schultern: bloß, gebräunt, vital und voller körperlicher Kraft. So muß es gewesen sein, als er über Jerusalem klagte und sagte: «Jerusalem, Jerusalem, die du tötest die Propheten und steinigst, die zu dir gesandt sind! Wie oft habe ich deine Kinder versammeln wollen wie eine Henne ihre Küken unter ihre Flügel; und ihr habt nicht gewollt!» Während ich betete, blieb das Bild der kräftigen, männlichen Brust und der Schultern vor meinen inneren Augen bestehen, und ich lehnte meinen Kopf an seine Schultern, erhielt neue Kraft und fühlte mich erneuert und erholt, *als ob eine Mutter mich getröstet hätte.* Es war, als ob ich wieder ein kleines Kind wäre, das in den Armen Christi, der zugleich Gottes Sohn und der bemutternde, nährende und heilende Gott ist, gewiegt wird.

In beiden Fällen sehen wir, daß diese Bilder durchaus treffend sind, wenn sie sich auf Gott beziehen. Diese Bilder sind maskulin und feminin, weil Maskulinität und Femininität in ihm verwurzelt sind. Gott ist Wahrheit. Der Gott, der alles, was *wirklich* ist, in sich trägt, aus dessen ungeschaffenem Mutterschoß jeder *schöpferische Prozeß* geboren wird, er ist der Eine, der so maskulin ist, daß wir alle, Männer und Frauen, im Vergleich zu ihm feminin sind. Trotzdem werden die Bilder, die wir von Gott haben, immer beides enthalten, das Maskuline und das Feminine, weil er alles wirklich Gute in sich trägt.

Das wahre oder das höhere Selbst in jedem von uns ist das wesentliche Selbst in der Einheit mit Gott. Es hat reichen Anteil an ihm. In Beziehung zu Gott ist dieses Selbst (ob es sich um die männliche oder die weibliche Seele handelt) immer als feminin betrachtet worden. «Was über den Dingen ist und jenseits von ihnen, ist so maskulin, daß wir alle im Vergleich dazu feminin sind.» Wir haben es deshalb, wie Lewis es ausdrückt, «bei ‹männlich› und ‹weiblich› nicht nur mit naturgegebenen Fakten zu tun, sondern mit den lebendigen und eindrucksvollen Schatten der Realitäten, die außerhalb unserer Kontrolle und weit jenseits unserer *direkten Erkenntnismöglichkeit* sind, oder vielmehr (wie wir bald herausfinden werden, wenn wir uns einmischen) haben nicht wir mit ihnen zu tun, sondern sie mit uns».[4]

So ist zum Beispiel die Polarität der Geschlechter und ihre Vereinigung in der Ehe analog zur Vereinigung zwischen Gott und dem Menschen. Lewis drückt das so aus: «Die Sexualität ist unter anderem dazu geschaffen worden, Gottes verborgene Wahrheiten für uns zu symbolisieren. Eine der Funktionen der menschlichen Ehe besteht darin, die Vereinigung zwischen Christus und der Kirche zum Ausdruck zu bringen.»[5] Insofern wir die Empfangenden sind und Gott der Initiator, ist die herrschende Vorstellung von Gott als dem Männlichen symbolisch zutreffend.

Auf der Ebene der Natur sind wir in unserer biologischen Eigenart als Männer und Frauen repräsentativ für die große maskuline und feminine Dualität. Wir sind die unabdingbaren polaren Einheiten, die in ihrer Verbindung den großen Reigen aller geschaffenen Dinge ermöglichen.

«Im Liebesakt dagegen sind wir nicht bloß wir selbst. Wir sind auch Repräsentanten. Hier bedeutet es keine Verarmung, sondern eine Bereicherung, zu wissen, daß uralte und weniger personhafte Kräfte durch uns wirken. Für einen Augenblick sind wir der Brennpunkt aller Männlichkeit und Weiblichkeit der Welt, hier trifft sich das Kämpferische und das Hingebende. Der Mann spielt wirklich den Himmelsvater und die Frau die Erdenmutter; er spielt Form, sie Materie.»[6]

Auf einer anderen Ebene entspricht der Polarität der Geschlechter auch die Polarität der verschiedenen Formen des *Denkens*, nämlich die des maskulinen diskursiven Verstandes und des femininen intuitiven Denkens. Um das Gute von Verstand und Wissen nicht nur hervorzubringen, sondern auch zu erhalten, braucht es *Form* (die Kraft der maskulinen analytischen Intelligenz, vorwärts zu drängen und der Materie ihre objektive Form zu geben), verbunden mit *Materie* (der *bedeutungsvollen* femininen intuitiven Vernunft).

Die Form ist von der Materie getrennt worden; bei unserer Art des Denkens ist das maskuline vom femininen Denken abgespalten worden. Unsere Art des Denkens sollte die Intuition, also die *direkte Erkenntnis* einschließen, denn sie ergänzt die empirische bzw. wissenschaftliche Erkenntnis – im Grunde die einzige Form der Erkenntnis, die der moderne Mensch praktisch anerkennt.[7] Das Gute des Verstandes sollte sich darin widerspiegeln; aber aufgrund der Trennung zwischen maskulinem und femininem Denken hat ein pervertierter und materialistischer Rationalismus den Platz des Verstandes eingenommen, der eigentlich das

Analytische mit dem Intuitiven verbindet und zwischen beiden eine Balance herstellt. Überall sind Männer von ihrem eigenen Herzen getrennt, vom «Femininen» in ihnen selbst und in ihren weiblichen Partnerinnen. Sie sind deshalb unfähig, mit dem Geheimnis des *Seins* in Verbindung zu kommen.

Weil bei unseren Erkenntniswegen Form und Materie getrennt sind – d.h. also durch die Trennung zwischen dem maskulinen wissenschaftlichen und dem femininen intuitiven Denken – sieht sich der Mensch zu allererst als biologisches Geschöpf und hat ein biologisch und chemisch bestimmtes Bild von sich selbst, und ebenso von seinem Denken. Da bleibt kein Platz für Geheimnis, für Ehrfurcht und Demut bei der Aussicht, mit den transzendenten Dimensionen unseres Männlichseins und Weiblichseins, unseres wirklichen und höheren Selbst in Gott in Berührung zu kommen.

«Ich erkannte mein Mann-Sein und mein Mann-Sein erkannte mich», schrieb Richard einige Monate, nachdem der Herr ihn gereinigt und geheilt hatte. Richards Mannsein war eine Eigenschaft, die er nach und nach erlebte, als er mit Gottes Hilfe mit seinem maskulinen Selbst in Berührung kam und es akzeptierte. Diese Wirklichkeit hätte er nie allein durch den maskulinen Erkenntnisweg erfahren können, d.h. durch logisches Nachdenken oder Studium. Durch wissenschaftliche oder kognitive Methoden hätte er niemals mit der transzendenten Wahrheit in Berührung kommen können. Diese Wahrheit läßt sich nicht im Reagenzglas finden. Wir können sie auch nicht finden, wenn wir die Fragen in Hörsälen diskutieren, bei feministischen Foren, vor einem weltlichen oder auch einem kirchlichen Gericht. Maskulinität – mit allem, was zur unsichtbaren Wirklichkeit gehört – muß geschmeckt werden. Wie alle Erkenntnis einer geistlichen Wirklichkeit muß die Maskulinität erfaßt und erkannt werden durch eine Erfahrung des Herzens – nach Art des Herzens, die Dinge zu erkennen. Das kann man als die wahre Vorstellungskraft bezeichnen, die Fähigkeit des Herzens, das unsichtbare Wirkliche *intuitiv* zu erfassen oder es sogar zu *empfangen*, wie die Frau ein Kind empfängt.

Der Unterschied besteht darin, ob man sich *in* eine Erfahrung hineinbegibt oder nur Untersuchungen über sie anstellt. Ein Mann kann zum Beispiel nicht gleichzeitig seine Geliebte küssen und den Kuß analysieren. Hier geht es um zwei verschiedene Erkenntnisweisen, die des Herzens und die des Kopfes. Wenn man darauf besteht, eine Erfahrung zu analysieren, während man sie gerade macht, zerstört man die Erfahrung, man zerstückelt und zerbröselt die Art des Herzens, Dinge zu erkennen. Wenn das zur Gewohnheit wird, führt es zu dem, was ich «die Krankheit der Introspektion, der Selbstbespiegelung», nenne, jenen schrecklichen, heute häufig anzutreffenden Zustand, in dem ein Mensch die Fähigkeit verliert, einfach zu *sein*, das Leben und die Liebe aus erster Hand zu erfahren. Von solchen Leuten kann man wirklich sagen, daß sie «neben sich selbst herlaufen», wenn sie ihre Lebenserfahrungen analysieren und zerstören, indem sie es auf Abstraktionen reduzieren. Dies wiederum ist das traurige Ergebnis der Entwertung des intuitiven femininen Denkens. Wenn man eine der zwei Arten unseres Denkens entwertet, verliert man auch das Gute des anderen.[8]

Maskulinität ist also eine Qualität, die erfahren werden muß, die man anschauen und schmecken muß, wenn sie vom Vater auf den Sohn übergeht oder vom Vater auf die Tochter. Man muß sie feiern, wenn sie auf uns kommt, wie Pfeile der Freude: durch Metaphern, Symbole und Rituale. Achten Sie bei folgendem Vers von William Blake darauf, wie Metapher und Symbol das transzendente Maskuline erfassen können:

Bring mir meinen Bogen von brennendem Gold:
Bring mir die Pfeile der Begierde:
Bring mir meinen Speer: O Wolken, entfaltet euch!
Bring mir meinen feurigen Wagen.

Letztlich kommt Maskulinität auf dem Weg der Liebe zu uns, durch göttliche Offenbarung und Inkarnation. Letztlich ist Maskulinität eine Eigenschaft Gottes. Weil sie etwas ist, das in ihm wohnt, können wir als Christen damit in Berührung kommen, wenn wir in ihm bleiben. Wir können Gottes Maskulinität im Gebet erfahren, und so kann unsere eigene Maskulinität in uns zum Leben erweckt werden. Deshalb kann heilendes Gebet so unglaublich wirkungsvoll sein, selbst in so harten Fällen wie bei Richard. Für Gott gibt es wirklich keinen hoffnungslosen Fall. Aber wir leben in einer Zeit, in der poetische und transzendente Wahrheit längst geleugnet werden, und wir haben sogar das Kapital verspielt, das uns gleichermaßen durch die Verbindung der Weisheit der heidnischen mit der christlichen Welt zugekommen war. Deshalb wissen wir modernen Menschen so wenig über Maskulinität oder Femininität. Es stimmt wirklich: «Es gibt in der Welt keinen Platz für Leute, die weder Heiden noch Christen sein wollen»[9], oder für verarmte moderne Menschen, die das «Jenseits» nicht erfassen können.

Wenn das «Jenseits» verneint wird

Hätte Richard sich an irgendwelche typischen Berater von heute gewandt, um Hilfe zu bekommen, hätte man ihn vermutlich als homosexuell diagnostiziert und ihm etwas Ähnliches gesagt wie die Erklärung, die ich heute in meiner Post fand (paradoxerweise stand diese Aussage im Nachrichtenblatt des Studentenpfarrers einer großen katholischen Erzdiözese):

«Immer mehr Fachleute sind der Ansicht, daß Homosexualität eine genetische Veranlagung ist, vielleicht eine Mutation.»

Die Theorie hinter dieser Aussage ähnelt der Freudschen Theorie nur insofern, als ihr Verfasser ebenso wie Freud «nur eine Verbindung zwischen dem Bild und dem ‹Darüberhinaus› kennt – nämlich den genetischen Mechanismus».[10] Wie Karl Stern ausführt, «mußte Freud zwangsläufig die Symptome auf ihr biologisches Substrat reduzieren, da er unter dem Einfluß der Naturwissenschaften stand».[11] Warum aber sollte jemand, der im Namen der Kirche spricht, den gleichen Standpunkt vertreten? Die Aussage in dem Nachrichtenblatt stand völlig isoliert da, ohne eine einzige stichhaltige psychologische Erkenntnis (etwa von Freud oder irgend jemand anderem zum Thema); ebensowenig enthielt sie den leisesten Hinweis auf die *inkarnatorische* Sicht vom Menschen und vom Leben, auf die sich die Kirche gründet. In Wirklichkeit versucht der Verfasser den Weg zu ebnen für eine Neuübersetzung aller Bibelstellen, in denen von Homosexualität die Rede ist, indem er einen «Fachmann» zitiert, der naiv feststellte, daß wir (genau wie die Gelehrten der Antike und des Mittelalters) die Heilige Schrift einfach mißverstanden hätten.

In bezug auf solch einen geistlosen Revisionismus stellt Elisabeth Elliot ganz richtig fest, daß wir in einer gefährlichen Zeit leben. «Es ist gefährlich und destruktiv, die Sexualität so zu behandeln, als ob sie bedeutungslos wäre. Ein großer Teil der Kirche, der von den Ideologien der Welt beeinflußt wird, ignoriert die Tatsache, daß Sexualität eine Bedeutung hat.»[12]

Für ihn als Individuum hatte Richards Sexualität *eine Bedeutung*. Sie hatte für ihn eine geistliche, psychische und auch eine physische Dimension. Wie wir gesehen haben, hatte sie für ihn auch kosmische Dimensionen, die darin zum Tragen kamen, wie er nach seiner Heilung mit Gottes Geist zusammenarbeitete – bei seiner Personwerdung und in seiner Berufung. Hätte er sich mit der herrschenden Weisheit zufriedengegeben, wäre die Rolle, die er im Leben hätte spielen können, sehr begrenzt gewesen, sein Leben hätte sich im narzißtischen Strudel unserer Tage unaufhaltsam auf die Hölle zubewegt. Niemals wäre es ihm gelungen, sich in den großen Reigen liebevoller Beziehungen einzureihen, und er hätte niemals den Auftrag seines Lebens erfüllen können.

Männlichkeit und das wahre oder wirkliche Selbst

Richard war ein Mensch, der sich nach Wahrheit sehnte. Er hatte das Verlangen, die Wahrheit zu *tun* und zu *sein*. Er hatte das Verlangen, teilzuhaben am Leben in seiner höheren Bedeutung. Er wollte Christ sein in Gedanken, Worten und Werken. Aber weil er von seiner Männlichkeit getrennt war, hatte sein wahres Ich nicht die Kraft, hervorzutreten und zu funktionieren. Obwohl er nach dem Bilde Gottes geschaffen war, um als männlicher Gestalter schöpferisch tätig zu sein, war er ein zerbrochenes Bild, das dringend eine gründliche Reparatur brauchte. Da es ihm nicht gelang, seine männliche Identität zu erkennen, vergrößerte sich das furchtbare Vakuum im Zentrum seines Seins. Es drohte das unterdrückte, kämpfende, wahre Ich, den wirklichen Richard völlig zu verschlingen. Männer, die im Vollbesitz ihrer männlichen Identität und fähig sind, ihre Familien zu lieben, sind auf der natürlichen Ebene die Hauptkanäle, die Gott dafür bestimmt hat, Männlichkeit an Männer weiterzugeben. «Ein Mann ist erst dann ein Mann, wenn ihm sein Vater gesagt hat, daß er einer ist», so faßt ein alte Volksweisheit diese wichtige psychologische Erkenntnis zusammen.

Jeder Junge und jedes Mädchen muß seine Identität von der der Mutter trennen. Wenn wir auf die Welt kommen, wissen wir nicht, daß wir von der Mutter getrennte Persönlichkeiten sind. Erst langsam entdecken wir es und machen uns an die schwierige Aufgabe, unsere persönliche und unsere sexuelle Identität von der ihren zu trennen. Psychologen zeigen die Fortschritte von der Kindheit bis zur Reife auf. Diese Fortschritte erfolgen in vielen kleinen psychischen Entwicklungsschritten. Es gibt ganz normale, gewöhnliche Entwicklungsschritte, aber wenn nur einer davon ausgelassen wird, führt das zu Schwierigkeiten.

Der Schritt der Selbstannahme erfolgt im Idealfall unmittelbar nach der Pubertät. Die Pubertät/Adoleszenz ist für uns alle eine narzißtische Phase. Solange wir darin sind, sind wir übermäßig mit uns selbst beschäftigt (besonders mit unserem Körper) und mit der Frage, ob andere oder wir selbst uns annehmbar finden oder nicht. Wenn wir dieses Verhalten fortsetzen, wird daraus eine falsche Art von Selbstliebe. Wenn wir eine heile, gesunde Persönlichkeit werden wollen, müssen wir von diesem Stadium, in dem wir uns nur um uns selbst drehen, weitergehen zu einer vernünftigen, vollständigen und sicheren Selbstannahme. Wer sich nicht selbst annimmt (sich auf die richtige Art liebt), wird zwangsläufig introvertiert. Ich muß mich selbst annehmen, um frei zu werden, um nach außen zu gehen und andere zu lieben.

Ob wir uns selbst als Personen annehmen oder nicht, hängt von der Bestätigung ab, die wir durch die männliche Stimme erhalten. Als Frau kann ich meinen Sohn oder meine Tochter in seiner oder ihrer Geschlechtsidentität nicht bestätigen. Es ist die männliche Stimme, auf die sie hören, weil sie ja als Kinder meines Leibes ihre Identität von meiner trennen. Natürlich ist die innere Beziehung zum Vater auch vor dieser entscheidenden Zeit der Adoleszenz wichtig, jetzt aber ist sie im tiefsten Sinne notwendig. Indem der Vater, wo es nötig ist, «zwischen» seine Söhne und ihre Mutter tritt, befähigt er sie, *ihre geschlechtliche und ihre personale Identität* von der ihren zu trennen. Dies gilt auch für die Tochter, ist allerdings bei ihr nicht von so entscheidender Bedeutung hinsichtlich der sexuellen Identität. Schließlich ist sie nicht *anders* als ihre Mutter.

Dr. Elizabeth Moberly, die Autorin von *Psychogenesis and Homosexuality: A New Christian Ethic*, stellt fest:

«Ich glaube, daß die Beziehung zum Vater für einen Jungen entscheidend ist für seine geschlechtliche Identität, für die Tochter dagegen ist es die Beziehung zur Mutter; das Verhältnis zum Vater ist für sie nur von sekundärer Bedeutung. Die Lesbierin hat eine defensive Loslösung in ihrer Beziehung zur Mutter erlebt; wenn dies erst einmal passiert ist, kann der Vater die Femininität seiner Tochter nicht mehr stärken, weil es keinen andauernden Prozeß weiblicher Identifikation durch die Nähe zur Mutter mehr gibt, der verstärkt werden müßte. Hier besteht die Aufgabe darin, die unterschwellige Ambivalenz im Verhältnis zur Mutter und zu anderen Frauen zu lösen und den legitimen, entwicklungsgemäßen Bedürfnissen nach (nichtsexueller) weiblicher Liebe entgegenzukommen.»[13]

Doch in der Pubertät hören beide Geschlechter auf die männliche Stimme. Ob wir aus der narzißtischen Phase herauskommen und uns selbst annehmen können, hängt von der Bestätigung durch die männliche Seite ab.

Wenn die starke Hand der Liebe und Bestätigung des Vaters nicht auf der Schulter seines Sohnes oder seiner Tochter liegt, hat das tragische Folgen, besonders in unserer Zeit der verkleinerten Kernfamilie. Einen funktionierenden Vaterersatz gibt es selten. Großväter, Onkel oder andere männliche Rollenvorbilder sind noch seltener als Väter. Richard war durch seinen Vater nie als Mann bestätigt worden; bei der komplizierten Beziehung zwischen seinem Vater und seiner Mutter hatte tatsächlich jeder Dimension seiner Männlichkeit die Bestätigung gefehlt und war auf diese Weise verlorengegangen. Dieser Verlust und sein innerer Schmerz darüber waren es, die er als «Riß» in seinem Innern beschrieb, als Riß, der sich zum Spalt vertiefte und unter dem Druck des Lebens immer weiter nachgab.

Männlichkeit und der Wille des Menschen

Seelsorger, die in der Kraft des Heiligen Geistes im Heilungsgebet dienen, lernen bald, unwirksame Arten des Gebets abzulegen. Die Wege des Heiligen Geistes sind direkt und vollmächtig, und manchmal entsprechen die Anweisungen, die wir erhalten, durchaus nicht unseren Erwartungen. Wer genau auf solche Weisungen hört, weiß, daß wir sehr fehlbar sind und daß die Weisungen, die wir erhalten, letztlich an der Frucht des Gebets gemessen werden, ebenso wie jede Prophetie, jede Predigt und alle Lehre nach ihren Ergebnissen beurteilt werden muß.

Vor einigen Jahren sah ich mich geführt, für die Erlösung und Stärkung des Männlichen in einem Mann oder einer Frau zu beten, wenn sie einen schwachen Willen hatten, der gebunden oder passiv war. Die Fülle guter Früchte durch solches Gebet hat mich davon überzeugt, daß der Wille zum männlichen Teil unseres Wesens gehört.

Zweifellos sind Männlichkeit und das wahre Selbst in besonderer Weise mit dem Willen des Menschen verknüpft. Oswald Chambers hat es so formuliert: «Ein grundlegender Teil des

Menschen ist sein Wille. Das wesentliche Element bei der göttlichen Schöpfung des Menschen ist sein Wille.»[14] Es ist der *Wille* im Menschen, der über Sein oder Nichtsein entscheidet. Mit dem Willen entscheiden wir uns für den Himmel des Werdens oder für die Hölle des Scheiterns.

C.S. Lewis schreibt in seinem berühmten Buch «The Screwtape Letters» (Dienstanweisung an einen Unterteufel) vom Standpunkt der Hölle aus. Screwtape, ein Oberteufel, schreibt Anweisungen an Wormwood, einen untergeordneten Versucher, der das Ziel verfolgt, einen neubekehrten Christen zu verschlingen:

«Stelle dir deinen Mann als eine Anzahl konzentrischer Kreise vor. Im innersten Kreis befindet sich sein Wille, im nächsten sein Verstand und im äußersten Kreis seine Phantasie. Du kannst kaum hoffen, mit einem Schlag alles, was nach dem Feinde riecht, aus diesen Kreisen entfernen zu können, aber du darfst nicht aufhören, beharrlich alle Tugenden mehr und mehr nach außen zu schieben, bis sie sich alle schließlich im Bereich der bloßen Phantasie befinden; alle Eigenschaften aber, die uns von Nutzen sind, schiebst du weiter nach innen in den Bereich des Willens. Nur insoweit, als die Tugenden den Willen erreichen und sich dort zu festen Gewohnheiten verkörpern, werden sie für uns gefährlich. (Selbstverständlich rede ich nicht von dem, was der Patient unter seinem Willen versteht: die bewußte, lärmende Aufregung seiner Entschlüsse und zusammengebissene Zähne, sondern von dem wirklichen Zentrum, das der Feind *Herz* nennt.)»[15]

In einem anderen Brief hält es Screwtape für nötig, sich noch weiter über den menschlichen Willen und seine zentrale Bedeutung dahingehend auszulassen, daß sich die Menschen trotz aller Gefühle und Umstände für den Gehorsam gegenüber dem Willen Gottes entscheiden.

«Weil er will, daß sie selbständig gehen lernen, muß er seine Hand wegnehmen, und selbst wenn nur der Wille zum Gehen wirklich da ist, so freut er sich auch über ihr Stolpern. Täusche dich nicht, Wormwood! Unsere Sache ist nie so sehr in Gefahr wie dann, wenn ein Mensch, der zwar nicht mehr das Verlangen, aber doch noch den Vorsatz hat, dem Feind zu dienen, hinausblickt auf ein Weltall, aus dem auch der letzte Schatten seiner Gegenwart gewichen zu sein scheint; der dann fragt, warum er verlassen sei, und ... trotzdem gehorcht.»[16]

Man kann die zentrale Bedeutung des menschlichen Willens gar nicht überbewerten, denn nach Aussage von

C.S. Lewis steht er genau auf der Grenze, an der Stelle, wo der Mensch mit Gott zusammentrifft, wo «sich der geheimnisvolle Punkt der Verbindung und Trennung befindet, an dem das absolute Sein das von ihm abgeleitete Sein hervorbringt.»[17] An dieser Stelle will der Mensch entweder in Beziehung zu seinem Schöpfer stehen oder er will die Trennung, indem er beschließt, nur sich selbst zu lieben.

Als Folge des Sündenfalls ist die Persönlichkeit jedes Menschen in ihm selbst gespalten und bedarf der Einswerdung, bevor er sich selbst erkennen kann. Lewis erkannte ganz richtig, daß, was auch immer sonst noch dazugehören mag, letztlich der menschliche Wille darüber entscheidet, ob unsere Persönlichkeit ganz wird oder nicht. Er drückt diese Einsicht vom Standpunkt der Seele Christi so aus: «Diese menschliche Seele in ihm war unerschütterlich vereinigt mit Gott in ihm, und zwar durch das, was eine Persönlichkeit eint: durch den Willen.»[18] Der menschliche Wille ist verbunden mit dem Bewußtsein des Menschen, und dies unterscheidet ihn ganz offensichtlich von der übrigen Natur. Es ist das Bewußtsein, das dem Menschen die Möglichkeit einer Wahl gibt, nämlich zu gehorchen oder nicht. Und erst wenn der Mensch gehorsam ist, wenn er sich selbst mit Gott vereinigen *will*, findet er zu der Ganzheit seiner Person, einer Person, deren Entscheidungen ihn stetig vom Zentrum ihres Wesens her verändern, hin zu der vervollkommneten Person, die er sein wird.

Der Wille eines solchen Menschen ist auf großartige Weise frei. Man könnte ihn den kreativen Willen nennen, denn im Gegensatz zum egoistischen oder egozentrischen Willen sucht er den lebendigen Austausch mit allem, was ist. Der Wille eines solchen Menschen ist sprühend lebendig und aktiv und kann insofern als männlicher Wille bezeichnet werden, als er von der Kraft und der Männlichkeit Gottes selbst erfüllt wird. Mit diesem aktiven, männlichen Willen treffen wir unsere verantwortlichen und eindeutigen Entscheidungen. Ist ein Mann oder eine Frau vom Männlichen in sich abgeschnitten, ist seine oder ihre Fähigkeit, sich für die Ganzheit und den Himmel zu entscheiden, in Gefahr. Ein solcher Mann und eine solche Frau brauchen Gebet um Heilung, in vielen Fällen sogar um die Befreiung ihres Willens zu seiner ganzen Entscheidungskraft, wenn er befreit und in ihm oder in ihr wiederhergestellt ist.

Wenn wir uns dafür entscheiden, in Christus zu sein, dann sammelt er unsere verstreuten und unbestätigten Teile, von denen wir entfremdet sind, zusammen. So wie ein Mensch sein wahres Selbst nur in Gemeinschaft und in Vereinigung mit Christus finden kann, so wird er auch seine wahre Männlichkeit nur auf diesem Wege finden. Sie mögen fragen, was man tun kann, wenn der Wille zusammen mit der Männlichkeit unterdrückt und verkümmert ist. Die Antwort darauf führt uns zu der einzigartigen Wahrheit des christlichen Glaubens: Alles, was real ist, ist inkarnatorisch. Das ewige Männliche und der göttliche Wille können zu uns *herabsteigen*, in uns hineinkommen, durch uns hindurchstrahlen und so unsere eigenen «natürlichen» Fähigkeiten erfüllen und vollenden. So wie die Gerechtigkeit eines anderen zu unserer Gerechtigkeit wird, wird auch der Wille eines anderen zu unserem eigenen Willen. Augustin hat diese göttliche Inkarnation genau verstanden und so gebetet: «Herr, befiehl, was du *willst*, dann *wolle*, was du befiehlst.» Er verstand, daß Gott in und durch uns das tun wird, was er will, und daß wir nichts zu tun brauchen, als unseren schwachen und unzulänglichen Willen eins zu machen mit seinem Willen.

Wir sind ja schon in dem höheren Willen, denn er ist in uns. Dante, der vielleicht größte Dichter aller Zeiten, wußte dies und faßte es so: «Wir sind von *seinem Willen, von Gott durchdrungen.*» In Christus, unserem Gott, ist aller Wille, alle Kraft zu gehorchen, die Kraft, die Wahrheit zu erkennen und zu tun, sie zu sprechen und zu sein. Deshalb rufen wir immer zuerst die Gegenwart Gottes an, wenn wir für jemanden um Heilung beten. In einem mächtigen «*Erhebet eure Herzen*» werden wir zum Katalysator und zum Kanal für das erschaffende, wiedererschaffende Licht Gottes. «Sende dein Licht und deine Wahrheit», beten wir, «und kehre ein in dieses dein kleines Geschöpf und vollende, heile es.» Und wenn eine Seele, mag ihr Wille auch schwach sein, zu ihm aufblickt mit einem offenen Herzen, empfängt sie aus seiner Fülle alles, was sie braucht. Er steigt herab in den schwachen menschlichen Willen und verbindet ihn mit seinem Willen, und die Stärkung und Heilung ist vollbracht.

Als ich heute morgen darüber nachdachte, wie ehrfurchtgebietend wahre Männlichkeit ist, ja daß sie ein Attribut Gottes ist, schrieb ich das folgende Gebet in mein Tagebuch:

«Herr, gib du mir deine Weisheit in bezug auf die Männlichkeit und darauf, wie sie mit dem Willen und mit dem Aspekt der Autorität verknüpft ist. Vater, heiliger Vater, du bist alle Wahrheit und Gerechtigkeit. Alle Autorität, Weisheit, Wahrheit und Gerechtigkeit gehört dir. Du bist wirklich so maskulin, daß wir in Beziehung zu dir alle feminin sind. Ich weiß, daß wir das niemals völlig begreifen werden, aber bitte, Vater, zeige mir noch klarer, was deine Männlichkeit ausmacht.»

Schnell und mit großer Klarheit kamen mir folgende Worte ins Herz:

«Männlichkeit ist die *Kraft*, Gutes zu tun. Ich bin das vollkommene Gute. Ich bin aber auch mächtig, allmächtig. Meine Kraft, das Gute zu tun, das Heilige, das Gerechte, ist mein ‹Männliches›. Das pervertierte Männliche auf der irdischen Ebene hat die Kraft zum *Tun* zu einem selbstsüchtigen und sich selbst dienenden Zweck verkehrt. In Jesu Worten ‹Mir ist gegeben alle Gewalt im Himmel und auf Erden› sehen wir Männlichkeit auf ihrer höchsten Stufe. Alle Knie werden sich vor dieser höchsten Kraft und Autorität beugen.»

Wie Maria bewahren wir solche Worte in unserem Herzen und warten auf ihre Bestätigung. Obwohl wir sie glauben, leiten wir aus ihnen keine besonderen Ansprüche ab. Uns ist klar, daß wir nur stückweise erkennen können und wie in einem dunklen Spiegel, wie Paulus sagt. Eins aber ist sicher: Auf der höchsten Ebene Zugang zur eigenen Maskulinität zu haben bedeutet, mit der Wahrheit selbst bevollmächtigt zu sein. Es bedeutet, befähigt zu sein, sich zu behaupten, sowohl gegen die Lügen und Illusionen unseres eigenen Lebens und unserer Umgebung als auch gegen die Lügen und Illusionen unserer Gesellschaft und unserer Zeit (ganz gleich, wie die Umstände auch aussehen mögen).

Männlichkeit und Wahrheit

Wenn genügend Individuen die Berührung mit dem Männlichen verloren haben, wird die gesamte Gesellschaft auf allen Ebenen ihrer Existenz geschwächt. Alexander Solschenizyn zeigt uns, wie jemand mit neuer Perspektive unsere westliche Welt sieht, in der dies Problem allgemein verbreitet ist. Er sagt vom Westen, daß wir «zu schwach sind, um uns dem Übel des Kommunismus zu widersetzen, das dem logischen Denken trotzt und es überrollt; daß wir uns wegen unserer geistlichen Schwäche in den Graben haben hineinstoßen lassen, den der Kommunismus extra für uns ausgehoben hat … Die westliche Gesellschaft von heute, die immer konsumorientierter, arbeitsscheuer, lustorientierter ist, deren Familien sich selbst zerstören, die durch Drogen in

Versuchung gebracht wird, die atheistisch und durch Terrorismus gelähmt ist, hat ihre Lebensenergie verbraucht und ihre geistliche Gesundheit verloren. So, wie sie jetzt ist, kann sie nicht überleben.»

«Ein einziges wahres Wort wiegt die ganze Welt auf», sagte Solschenizyn in seiner berühmten Rede bei der Verleihung des Nobelpreises, und wir, die wir von dieser Krise fest im Griff gehalten werden, können die Wahrheit weder wirkungsvoll hören noch sagen. Auf die Andeutung von Schriftstellern, daß der Kommunismus als Ideologie am Ende sei, hat Solschenizyn so geantwortet:

«Bevor der Kommunismus stirbt, wird er noch Zeit genug haben, den gesamten Westen zu erobern und ihn zu zerstören und sich an seinem Blut zu ergötzen. Die kommunistische Ideologie ist eine metaphysische Kraft, die gegen die Natur gerichtet ist. Sie handelt den physikalischen, ökonomischen und soziologischen Gesetzen zuwider. Sie triumphiert, anstatt unterzugehen, wie sie eigentlich sollte. Sie triumphiert aufgrund der Schwäche des Westens.»

Solschenizyn hätte nicht soviel Energie darauf verwendet, diese Worte zu schreiben und zu sprechen, hätte er nicht noch eine Hoffnung, daß Menschen aufstehen und von Gottes Kraft erfüllt werden, daß Menschen kämpfen und gewinnen gegen die metaphysische Kraft (ein dämonischer Atheismus, wie auch immer er sich selbst nennen mag), deren höchstes Ziel es ist, den Menschen vom Transzendenten zu trennen, indem sie das «Jenseits» leugnet.

Eine Krise der Männlichkeit ist immer auch eine Krise der Wahrheit. Es ist eine Krise der *Kraftlosigkeit* der femininen Tugenden: des Guten, des Schönen und des Gerechten, und zwar in bezug sowohl auf ganze Kulturen als auch auf den einzelnen Menschen. Wenn es eine gesunde, ausgewogene Männlichkeit gibt, wird eine Kultur nie dekadent. Wenn eine Nation oder die gesamte westliche Kultur verfällt, dann wird zuallererst das Männliche zugrunde gehen.

5 Polarität und gegenseitige Ergänzung der Geschlechter

Geistlich gesprochen, sollte in jeder Frau ein Mann und in jedem Mann eine Frau sein. Und welch scheußliche Exemplare sind diejenigen, bei denen dies nicht so ist: Ich kann einen Männer-Mann und eine Frauen-Frau nicht ertragen.

C.S. Lewis, Brief an seine Schwester Penelope

«Was ‹maskulin› und ‹feminin› ist, kann jeweils nur vom anderen her verstanden werden; grundsätzlich sind es gegensätzliche, sich ergänzende Eigenschaften.» So sagte mein Freund, der Dichter und Romanschriftsteller Robert Siegel. Und er fuhr fort mit der Klarheit und der Einsicht eines Dichters: «Sie sind wie Licht und Dunkelheit. Man kann die Dunkelheit nur vom Licht her verstehen und das Licht nur von der Dunkelheit her. Sie sind zwei Endpunkte eines Kontinuums.»

Unsere bipolare Natur

Gott sagte: «Lasset uns Menschen machen, ein Bild, das uns gleich sei» (1. Mose 1,26).

«Einheit entsteht aus Polarität. Der höchste Ausdruck dieser Idee ist der, daß der Mensch seinem Ursprung und seiner letzten Bestimmung nach androgyn (zweigeschlechtig) ist. Die berühmteste Darstellung dieser Idee finden wir in der Genesis, als Gott den Menschen nach seinem Bilde schuf, und zwar ‹männlich und weiblich›, bevor er Eva aus dem Körper Adams heraustrennte. Nach christlicher Überlieferung wird darin das androgyne Wesen Gottes selbst sichtbar. Dies bedeutet wiederum, daß hier die Polarität in der Einheit Ausdruck für die Vollkommenheit des Seins ist.»[1]

Dabei dürfen wir nicht vergessen, daß es auch eine falsche Androgynie gibt, die besonders von bestimmten feministischen und homosexuellen Aktivisten proklamiert wird. Diese Leute verkünden, es gäbe keine signifikanten Unterschiede zwischen «männlich» und «weiblich», und biologische Tatsachen und Bilder spielten einfach keine Rolle. Selbst manche christlichen Feministinnen machen ähnliche Aussagen. Aber sie sind in ihrer Sicht irregeleitet, denn diese stimmt nicht mit der Wirklichkeit überein.

Maskulinität und Femininität sind Eigenschaften Gottes, und wir, die wir nach seinem Bilde geschaffen sind, sind ganz sicher bipolare Geschöpfe, und zwar in unserem geistlichen, psychologischen und körperlichen Sein. Unser Schöpfer, der alles Wahre und Wirkliche in sich vereint, spiegelt beides wider, das Maskuline und das Feminine, und wir tun das auch. Je mehr wir seinem Bilde entsprechen, desto mehr spiegeln wir das Maskuline und das Feminine in der richtigen Ausgewogenheit wider, das heißt entsprechend unserer geschlechtlichen Identität als Mann oder Frau in verschiedenen Abstufungen und Fähigkeiten.

Das hebräische Wort für Frau ist *ishah*, offenbar ein Wortspiel mit dem Wort für Mann: *ish*. Obwohl die beiden Worte verschiedenen etymologischen Ursprungs sind, deutet das Wortspiel doch darauf hin, daß die Frau auch Mann ist – ein «Sie-Mann», eine «Männin» oder ein «weiblicher Mann». Damit sie ganz heil werden kann, muß nicht nur ihre Femininität bestätigt werden, sondern auch ihre maskuline Seite muß anerkannt, in Ausgewogenheit gebracht und, wenn nötig, gestärkt werden. Männer und Frauen werden auf die gleiche Art geheilt: wenn sie mit den Augen ihres Herzens (oder der wahren Vorstellungskraft) die unsichtbare Wirklichkeit sehen, wenn sie auf Gott hören und tun, was er sagt.

Eine Frau, die zu Jesu Füßen sitzt und ihn anbetet, wie Maria aus Bethanien, und die lernt, das von ihm Gehörte auch zu tun, wird nicht nur Bestätigung ihrer Femininität in all ihren großartigen Dimensionen finden, sondern auch Zugang zu ihrer eigenen maskulinen Seite bekommen. Elizabeth Elliot stimmt mit der Weisheit aller Zeiten überein, wenn sie sagt: «Es ist das Wesen der Maskulinität, Initiative zu ergreifen, und das Wesen der Femininität, zu reagieren, darauf einzugehen. Wenn eine Frau die Freiheit hat zu initiieren – d.h. frei ist, auf das Wort des Herrn zu hören und zu tun, was sie ihn sagen hört –, dann ist sie in Verbindung mit ihrer maskulinen Seite. Sie ist nicht krankhaft passiv – wie es das feminine Prinzip ist, wenn eine Frau von ihrer maskulinen Seite entfremdet ist. Sie ist dann frei, mit ihrem ganzen Sein auf Gott zu antworten, und somit auch fähig, die *Initiative zu ergrei-*

fen, wenn es erforderlich wird. In der aufrechten, vertikalen Beziehung zu ihrem Herrn ist sie eine vollständige Persönlichkeit und völlig in der Lage, mit seinem Geist zusammenzuarbeiten. Sie ist eine ausgewogene feminine *Schöpferin*, geschaffen nach dem Bilde ihres Schöpfers und Vaters.»

Das gleiche gilt für den Mann: Wenn er als vollständiger männlich *Schaffender* leben und handeln will, muß er Zugang zum femininen Prinzip in sich haben. Sein Herz muß in der Lage sein, auf Gott und andere Menschen zu *reagieren* und auf die Arbeit, die getan werden muß. Sein Herz ist, genau wie das seines weiblichen Gegenübers, der fruchtbare Mutterschoß, der ständig das Leben Christi empfängt und als Antwort darauf *schöpferisches* Handeln gebiert, zu dem ihn Gott beauftragt hat. In gehorsamem Hören auf das heilende Wort, das Gott immer gibt, wird er ein Diener und Haushalter dieses Wortes, einer, der es in den Herzen anderer Menschen nährt. So wird er dann zu jemandem, der zerbrochene Beziehungen wieder heil macht. Er ist die maskuline *Braut* Gottes.

Wenn eine Seele Heilung braucht, ist in ihr unweigerlich das Maskuline und das Feminine unausgewogen. Dieser Mensch neigt zu sehr zu einem Extrem. Diese Unausgewogenheit zwischen der Kraft zu initiieren und der Kraft zu reagieren kann immer geheilt werden, wenn jemand *seine von Gott getrennte Vision und seinen Willen aufgibt* (die Heilige Schrift nennt das «dem alten Menschen sterben»), sich in die Gegenwart Gottes begibt und sich dort mit den unglaublichen Wirklichkeiten, die außerhalb seiner selbst liegen, vereint.

Geschlechtsunterschiede sehen lernen

Mein Vater starb, als ich gerade drei Jahre alt geworden war. So wuchs ich in einem reinen Frauenhaushalt auf: Neben mir ließ er meine Mutter und meine Schwester zurück, damals ein Kleinkind von 18 Monaten. Dann zog meine verwitwete Großmutter mütterlicherseits zu uns. Wir waren also drei Frauengenerationen unter einem Dach. Wenn wir Besuch von Onkeln oder Vettern hatten, betrachteten meine kleine Schwester und ich sie voller Respekt und Ehrfurcht, manchmal hatten wir sogar Angst vor ihnen. Man konnte ja nicht wissen, wie die Männer auf uns kleine Kinder reagieren würden. Großmutter bemühte sich stolz um sie, während wir im Hintergrund standen und zuschauten.

Manchmal wurde ich gebeten, ihnen etwas auf dem Klavier vorzuspielen, oder man ließ mich eine Zeichnung oder eine Schulaufgabe holen, damit sie sie begutachten konnten. Ich wollte ihnen unbedingt gefallen (wie ich überhaupt jedem gefallen wollte). Gelegentlich durfte ich ihnen auch eine Tasse Kaffee servieren oder ein Zimtbrötchen. Aber viele Jahre lang blieben Männer für mich fremde und unergründliche Wesen, wie von einem anderen Stern. Während meiner Kindheit befanden sie sich einfach außerhalb meiner unmittelbaren Erlebnis- und Erkenntniswelt.

Als ich später, wie ich es nenne, den «Drang nach Macht» entdeckte, der in jedem gesunden jungen Mann steckt, war es für mich wie ein Schock. Großartige Ideen sind da in ihren Köpfen, und die ganze Energie ihres jungen männlichen Körpers ist bereit, diese Ideen in die Tat umzusetzen, wenn nur der geeignete Kanal zur Durchführung gefunden wird. Wir sind wirklich geschaffen, einer Sache zu dienen, die größer ist als wir selbst. Der Drang nach Macht, der den Mann erfüllt, kann etwas Furchterregendes sein, wenn er nicht auf ein höheres Ziel gerichtet ist als die Erfüllung und Befriedigung der eigenen egoistischen Wünsche.

Später erkannte ich, daß dies die Situation eines Mannes ist, dem die Berührung mit dem femininen Prinzip in und um sich fehlt und der deshalb paradoxerweise auch keinen Zugang hat zum transzendenten Maskulinen. Wenn ein junger Mann von einem solchen Drang bestimmt wird, muß er sich seines eigenen Herzens gewahr werden – seiner intuitiven femininen Seite, dem Teil seiner selbst, der Gott sehen, hören und ihm antworten kann. Andernfalls läuft er Gefahr, in seinem Wirkungskreis ein kleiner Napoleon zu werden, mag das nun im Bereich der Kirche, der Rechtsprechung, der Armee oder in irgendeinem anderen Bereich sein. Jemand hat einmal gesagt: «Der Krieg ist das Ergebnis exzessiver maskuliner Initiative, die nicht durch weibliche Klugheit verfeinert worden ist.»[2]

Meine erste Einsicht in diese männliche Problematik erhielt ich, als ich anfing, College-Studenten das «hörende Gebet» zu lehren, diesen wichtigen, aber vielfach vernachlässigten Gebetsschritt, über den ich in «Das zerbrochene Bild» geschrieben habe.[3] Zu meiner Verwunderung und meinem Kummer geschah folgendes: Anstatt sich an ihre eigenen Herzen zu wenden, um sich *kennenzulernen* und das Wort zu empfangen, das Gott zu ihnen sprach, hörten die jungen Männer, wie sich in ihnen dieser

«Drang nach Macht» selbst in Worte kleidete. Sie kamen mit grandiosen Ideen von großen Heldentaten (Ideen, die natürlich von den wirklich großen Taten unterschieden werden müssen, mit denen Christen beauftragt sind). Da es sich bei diesen jungen Männern um begabte, idealistische junge Christen handelte, handelten ihre Phantasien davon, «die Welt für Jesus zu erobern».

Auch die jungen Frauen hatten ihre Probleme beim «hörenden Gebet.» Bei ihnen drehte sich alles um Herzensangelegenheiten. Ihnen kamen die wunderbarsten romantischen Ideen darüber, was es bedeutete, von einem Ehemann erwählt und geliebt zu werden. Sie kamen dann beispielsweise zu mir und sagten dann: «Stellen Sie sich vor, der Herr hat mir gerade gesagt, wen ich heiraten werde!»

Ich pflegte dann zu antworten: «Hat er es dem jungen Mann denn auch gesagt?» «Hm, nein», lautete dann meist die Antwort.

Hier sehen wir die weibliche Problematik: Der normale weibliche Drang, zu empfangen und auf den Mann zu reagieren, steht in bemerkenswertem Gegensatz zu dem männlichen Drang nach Macht. In solch einem Fall kann man sicher sagen, daß der starke, geschlechtstypische Drang bei der jungen Frau so beherrschend ist, daß sie diese Stimme nicht mehr von der leiseren Stimme der von Gott kommenden Weisheit unterscheiden kann. Als Frau konnte ich das gut verstehen und deshalb den jungen Frauen helfen. Aber wie stand es mit meinem Verständnis für die Männer?

Weil ich in einem reinen Frauenhaushalt aufgewachsen bin, war ich absolut nicht darauf vorbereitet, diese jungen Männer zu verstehen, aber ich hatte dadurch eine einzigartige Grundlage, von der aus ich bestimmte entscheidende Unterschiede zwischen Männern und Frauen gegenüberstellen konnte.

Beim Beten mit diesen ernsthaften jungen Männern ging mir auf, daß der in meinen Augen unerklärliche und besorgniserregende «Drang nach Macht» in Gestalt geistlicher Heldentaten eigentlich nur ein Teil eines grundlegend männlichen Prinzips war (in diesem Fall eines unreifen und ungezügelten Prinzips), das den Mann in bezug auf seine Einstellung, sein Verhalten, seinen Intellekt und seine biologischen Gegebenheiten charakterisiert. Um noch einmal Karl Stern zu zitieren: «Wie sich die Samenzelle gegenüber der Eizelle verhält, so ist auch die männliche Haltung der Natur gegenüber vom Angriff und dem Eindringen bestimmt. Er bewegt Felsen und entwurzelt ganze Wälder, um Platz zu schaffen für seine Äcker. Er dämmt Flüsse ein und macht sich die Wasserkraft nutzbar.»[4]

Auf der Ebene des Intellekts entspricht die Polarität der Geschlechter einer Polarität in menschlichen Erkenntnisweisen: der maskuline logische Verstand steht der weiblichen intuitiven Vernunft gegenüber. In den Disziplinen, in denen eher analytisches als intuitives Denken erforderlich ist, glänzen die Männer und sind führend. Auch hier ist der maskuline «Drang nach Macht» erkennbar.

«Die Chemie löst die Verbindung der Moleküle auf und ordnet die Position der Atome neu. Die Physik überwindet das Naturgesetz der Schwerkraft, indem sie zuerst das Rad und zuletzt die Rakete erfindet, die in Überschallgeschwindigkeit in die Stratosphäre aufsteigt. Sogar im Bereich der Ideen – der Philosophie und der reinen Mathematik – dringt man ein in die ‹Natur› der Dinge.»[5]

Das feminine Prinzip dagegen ist tiefer verwurzelt in der unbewußten Erkenntnis, der Erkenntnis des Herzens; die Physiologie der Frau spiegelt dieses Prinzip wider.

«Wie sich bei den Geschlechtsmerkmalen der Frau das weibliche Prinzip zeigt als ein Prinzip des Empfangens, des Bewahrens und Ernährens, so ist auch die spezielle weibliche Form der Kreativität – die der Mutterschaft – fest eingebunden in das Leben der Natur, in ein *nicht reflektierendes, natürliches Leben.*»[6]

Helen Deutsch und andere sprechen «von einer Form der *Erkenntnis* oder des *Bewußtwerdens*, die nicht nur unabhängig vom Verstand ist, sondern ihn übersteigt. Der Soziologe Georg Simmel bemerkt, daß bei einer Frau ‹Wesen und Idee unteilbar eins sind› ... Der Mann kann die Idee nur als etwas sehen, was außerhalb seiner selbst liegt und über ihn selbst hinausgeht; sie ist ihm nicht innewohnend. In ähnlichem Sinn beobachtet Jean Guitton, daß Liebe als natürliche Gabe ein charakteristisches weibliches Element ist .... Intuitives Denken ist inniger mit Liebe verbunden als analytische Intelligenz. Deshalb ist ‹die Stärke einer Frau das intuitive Erfassen des konkreten Lebendigen, besonders des persönlichen Elementes. Sie hat die besondere Gabe, sich in der inneren Welt anderer Menschen zu Hause zu fühlen.›»[7]

Bei dem Versuch, diese jungen Männer und Frauen das Hören auf Gott und auf das eigene Herz zu lehren, stieß ich nicht auf ein kulturell bedingtes Verhalten, sondern auf ein Verhalten, das auf die Wurzeln des Geistes, der Seele und des Körpers zurückgeht. In ihrem Verhalten konnte man die «fundamentale Dualität erkennen, die unveränderbar auf dem Grunde jeder kulturellen Variante existiert»[8], und diese Dualität strebte nach Erfüllung und Lösung. Und das haben die Weisen der Moderne und des Altertums, denen die maskulinen und femininen Prinzipien vertraut waren, in allen Kulturen schon immer gewußt.

«Die Geschlechtsorgane und Geschlechtszellen manifestieren morphologisch und funktionell Polarität und Ergänzung. Das männliche Geschlechtsorgan ist bei der geschlechtlichen Vereinigung konvex und dringt ein, das weibliche Organ ist konkav und empfängt; die Samenzelle hat die Gestalt eines Torpedos und ‹greift an›, die Eizelle ist eine Kugel, die die Penetration ‹erwartet›. Daß diese Polarität und dieses Sich-Ergänzen nicht nur auf den physischen Bereich beschränkt ist, sondern sich auch im Wesen von Mann und Frau widerspiegelt, ist eine Ansicht, die so alt ist wie die Geschichte selbst. Tatsächlich waren in den alten Religionen und Philosophien die geschlechtliche Polarität und ihre gegenseitige Ergänzung nicht nur auf das Physiologische beschränkt. Die menschliche Dualität und die Vereinigung von Mann und Frau drückten eine Antithese aus, im Mittelpunkt allen Seins, – eine Antithese, die unaufhörlich und in alle Ewigkeit nach Synthese strebt – in einem Akt der Vorwegnahme und der Wiederherstellung der Einheit. Diese Tradition ist so allgemein verbreitet und häufig, daß man sie hier unmöglich im Detail vorstellen kann. Das Bemerkenswerteste dabei ist vielleicht die Tatsache, daß sie in durch Zeit und Raum weit voneinander getrennten Religionen und Philosophien ihren Ausdruck findet. Wir finden die Idee klar ausgedrückt im Taoismus, im Sohar, in den Upanisaden und im Christentum. Ereignisse, die in der Natur und in der Geschichte der Menschheit stattgefunden haben, werden durch zwei Prinzipien erklärt. Im Taoismus sind dies *yin* – das feminine Prinzip, das ruhig, dunkel und empfangsbereit ist, und *yang* – das männliche Prinzip, das aktiv, licht und erzeugend ist. Eine ewige Bewegung der Reziprozität zwischen den beiden ist durch ein höheres Prinzip der Einheit, das *Tao*, geschützt. Der reiche erotische Mystizismus der Kabbala zeigt eine bemerkenswerte Ähnlichkeit mit der chinesischen Überlieferung. Der Himmel als *tiph'eret* ist das männliche Prinzip, das durch die Arme der Welt vereint ist mit der Erde als *malkut*, dem weiblichen Prinzip. Aus der Polarität entsteht Einheit, die ihren höchsten Ausdruck in der Idee findet, daß der Mensch in seinem Ursprung und seiner letzten Bestimmung androgyn (männlich und weiblich zugleich) ist. Die berühmteste Darstellung dieser Idee findet sich in der Genesis, als Gott den Menschen nach seinem Bilde schuf, als Mann und Frau gleichzeitig, *vor* der Trennung Evas aus dem Körper Adams.

Nach christlicher Überlieferung deutet dies auf das androgyne Wesen Gottes hin, wobei hier mit *Polarität in der Einheit* wieder die Vollkommenheit des Wesens gemeint ist. Ebenso berühmt ist die Rede des Aristophanes in Platos Symposion, in der die gleiche Idee entwickelt wird: In der geschlechtlichen Umarmung stellen Mann und Frau die ursprüngliche Einheit der menschlichen Persönlichkeit in ihrer Vollkommenheit wieder her, eine Einheit, die irgendwann einmal auseinandergebrochen ist. Es ist eine bemerkenswerte Tatsache, daß Griechen und Juden vor Beginn des Christentums in diesem Punkt übereinstimmten. Auch in den Upanisaden war diese Idee schon einmal dargestellt worden: ‹Auch er, Atman (Seele, Gott), hatte keine Freude, denn er war so groß wie Mann und Frau zusammen in der Vereinigung. Daraufhin wurde dieses Gebilde in zwei Teile geteilt, und so entstanden Mann und Frau. Deshalb ist der Körper auch nur eine Hälfte.› Es gibt außerdem eine ähnliche assyrische Version. Es würde mich tatsächlich nicht wundern, wenn unter den esoterischen Traditionen diese die einzige universelle wäre. Wenn dem so wäre, ließe sich das leicht erklären: die bloße Existenz von Mann und Frau ist die einzige Konstante in allen Kulturen. Mit der nicht zu vermindernden Unmittelbarkeit der sinnlichen Wahrnehmung sagt uns unser metaphysischer Sinn, daß diese unveränderliche Tatsache etwas zu bedeuten hat, unabhängig von allen variablen Zufälligkeiten.»[9]

Nachdem ich begonnen hatte, mit den Collegestudenten zu beten, war ich als geistliche Leiterin gezwungen, selbst sprunghafte Fortschritte zu machen, um den jungen Männern und Frauen, mit denen ich betete, helfen zu können, sich ihren eigenen Herzen zuzuwenden und es richtig verstehen zu lernen. Jeder und jede von ihnen mußte zuerst sich selbst *als Mann und als Frau* erkennen und verstehen lernen, um den starken Drang, der mit der jeweiligen geschlechtlichen Identität verknüpft ist, daran zu hindern, sich dem Gehorsam Gott gegenüber in den Weg zu stellen. Sie sollten diesen Drang in sich eingestehen und auf keinen Fall verleugnen, gleichzeitig sollten sie, wie Paulus es in

1. Korinther 9,27 gesagt hat, «ihren Leib züchtigen und zähmen». Mit anderen Worten: sie mußten diesem Drang auf einer Ebene «sterben», so daß eine Auferstehung stattfinden konnte, d.h. daß das reife (nicht egoistische oder nicht egozentrische) Maskuline und Feminine in ihnen hervorkommen konnte zu einer ganzheitlich-heilen Integration.

Bei der Erforschung ihrer eigenen Herzen sollten die jungen Männer dann die übertriebenen egoistischen Bedürfnisse (oder auch das Fehlen eines Ich-Bildes) hinter dem Ehrgeiz, die Welt zu erobern, erkennen und sich dadurch als Männer erweisen. Viel später erst begann ich ihre Not als Teil der allgemeinen Krise der Männlichkeit zu begreifen – die Not des unbestätigten Mannes. Ihr Zustand war nicht ungesund im Sinne von unnormal. Es war einfach die Art des noch unreifen Männlichen, das nach Bestätigung strebt. Ihr Zustand war der eines ichbezogenen männlichen Willens, noch ungezügelt durch den transzendenten maskulinen Willen. Es war der Versuch, Bestätigung, Selbstannahme und Identität in etwas zu finden, das sie selbst vollbringen konnten, und nicht aus der Einheit mit Gott.

Bis zu einem bestimmten Punkt war ihr Streben natürlich normal und stand in Beziehung mit dem maskulinen Prinzip selbst. Männer und Frauen brauchen gleichermaßen den Kampf, um ihren Enthusiasmus zu beweisen, und das Leben hält diesen Kampf für jeden bereit. Wir entdecken bald selbst, daß wir uns gerade in den Härten des Lebens entweder bewähren oder untergehen, es sei denn, jemand ist so unklug, uns diesen Kampf und die Schläge, die das Leben austeilt, abzunehmen. Indem wir lernen, die wirklich harten Zeiten auszuhalten, wachsen wir in Entschlußfreudigkeit (im männlichen Willen, das Leben und Heilsein zu wählen), in moralischer und geistlicher Disziplin (der femininen Weisheit, das Richtige zu wählen), im Verständnis unserer Herzen und dem Verständnis für die Herzen anderer. Das Problem dabei ist nur, daß uns die Überwindung der Härten des Lebens letztlich nicht befriedigt. Es kommt eine Zeit, wo wir erkennen, daß die wahre Identität nicht in dem zu finden ist, was wir tun, sondern in der Fähigkeit, zu gehorchen und auf jemanden zu reagieren, der viel größer ist als wir selbst. Aber der Kampf des Überwindens ist normal und darf nicht umgangen werden.

Ein Beispiel dafür war ein sehr fähiger und erfolgreicher junger Mann, der gerade bei einer meiner Veranstaltungen in seiner Stadt zu Christus gefunden hatte. Später wurde er einer der

Leiter der geistlichen Erneuerung in seiner Gemeinde und dem Teil des Landes, wo er wohnte. «Ich bin so froh», sagte er, «daß Sie nicht früher in unsere Gegend gekommen sind, selbst vergangenes Jahr wäre es noch zu früh gewesen. Ich hätte Sie nicht verstanden. Ich mußte mich erst selbst bewähren.»

Ich wußte genau, was er meinte. Bevor ich gekommen war, hatte er seine ganze Aufmerksamkeit darauf verwenden müssen, sich selbst als Mann zu beweisen. Er hatte Schwierigkeiten durchlebt und sich dabei behauptet. Er hatte auch genug Zeit gehabt, herauszufinden, daß es nicht genügt, finanziellen und beruflichen Erfolg zu haben und sich in der Rolle als Ehemann und Vater zu bewähren. Ja, er hatte sogar schon angefangen, sich bei alldem zu langweilen. Instinktiv hatte er erkannt, daß er anfällig dafür war, aus Langeweile in Gesellschaft immer ein bißchen mehr zu trinken und später vielleicht sogar aus der Ehe auszubrechen. Aber dann hatte er auf sein Herz gehört und angefangen, es kennenzulernen. Deshalb konnte er mich anhören, als ich Christus verkündigte als den Weg, die Wahrheit und das Leben, als den einzigen, in dem er seine eigentliche Männlichkeit und seine wahre Identität finden konnte.

Das war genau der Punkt, an den auch die jungen Männer, die ich unterrichtete, kommen mußten. Sie waren, wenn auch unbewußt, immer noch damit beschäftigt, sich als Männer zu beweisen. Sie waren in der Gefahr, ihre Identität nicht in Christus zu finden, sondern sie in geistlichen Eroberungen zu suchen. Sie mußten lernen, auf ihre Herzen zu hören. Ihr geistlicher Zustand war davon bestimmt, daß das Männliche in ihnen noch nicht mit dem Femininen in ihnen in Berührung gekommen war, mit der intuitiven Seite, die auf Gott und seinen Willen und sein Wort hört und darauf reagiert. *Sie waren in genau dem Zustand, den das hörende Gebet heilen will.*

Ungesund ist der Zustand eines Mannes, dessen Drang nach Macht so unterdrückt ist, daß er überhaupt nicht in Erscheinung treten geschweige denn absterben und in der Gegenwart Gottes neu erweckt werden kann. Wir Pfarrer und Seelsorger erleben diese Männlichkeitsstörung bei immer mehr Männern in allen Lebensbereichen. Das ist der Zustand, in ganz unterschiedlichen Ausmaßen, um den es in diesem Buch geht. Die These des Buches lautet, daß die Männer nicht mehr nur auf der «Flucht vor der Frau» sind, wie es Karl Stern so richtig und brillant beschrieben hat. In seinem Buch hat er die historischen und philosophischen Gründe für den rastlosen und unverbindlichen Aktivismus des Mannes in unserem Jahrhundert aufzeigt: die fehlende Ausgewogenheit zwischen Handeln und Besinnung, zwischen Aktion und Kontemplation, die auf die Ablehnung des Femininen – in ihm selbst und in seinem weiblichen Gegenüber – zurückzuführen ist. Karl Stern hat als Kenner der Geschichte, Philosophie und Naturwissenschaften das Problem richtig erkannt und war als Arzt und Psychiater auch mit dem seelischen Leiden konfrontiert, das diese Unausgewogenheiten bei seinen Patienten und in unserer gesamten Kultur bewirkt haben.

Die maskuline Misere, über die Karl Stern geschrieben hat, hat sich jedoch noch weitaus verschlimmert, weil keine Korrektur stattgefunden hat. Weil Männer seit Generationen das Feminine zu gering geschätzt haben, sind sie jetzt im allgemeinen in zunehmendem Maße von ihrer männliche Seite abgeschnitten und in einer kränklichen Passivität gefangen – eben dem Zustand des Femininen, das auf ungesunde Weise vom Männlichen abgeschnittenen ist. Wir können nicht das feminine Prinzip verlieren, ohne dabei auch das Männliche zu schwächen und schließlich ganz zu verlieren. Wir können nicht das Gute des maskulinen logischen Verstandes behalten ohne die feminine intuitive Vernunft und das Herz. All die kostbaren und farbenfrohen Stränge der Wirklichkeit sind auf wunderbare Weise miteinander verwoben. Einen Strang aufzugeben bedeutet, den Gesamtrahmen unseres Lebens aufzulösen und zu gefährden.

Obwohl viele der hilfesuchenden Männer noch mitten im Zustand des Aktivismus sind, über den Karl Stern schreibt, sieht man heute immer häufiger, wie sie sich mehr oder weniger mit einer übermäßig stark entwickelten femininen Seite herumquälen, die in Wirklichkeit nur eine Karikatur des Femininen ist. Anstatt darum zu kämpfen, ihre Identität und ihren Wert in der eigenen Leistung zu finden (sei es Reichtum, sozialer Status, sexuelle Eroberungen oder was sonst auch immer), fallen viele in einen mehr oder minder ausgeprägten Lähmungszustand. Anstatt mit ihrem Herzen verbunden zu sein – ihrer echt begabten femininen, intuitiven Seite –, existieren sie einfach nur, gefangen in den Schmerzen ihres passiven und unkreativen Leidens.

Das Maskuline und das Feminine im Mann und in der Frau, wie man diese beiden Aspekte auch nennen und was immer man darunter verstehen mag, brauchen Anerkennung, Bestätigung und Ausgewogenheit. Vieles von dem, was heute als Gemütskrankheit oder psychische Labilität bezeichnet wird, ist nur das unbestätigte und unausgewogene Maskuline und/oder Feminine in einer Persönlichkeit. Das stelle ich im Gebet und in der Seelsorge immer wieder fest. «*Nur*» ist immer ein gefährliches Wort, hat C.S. Lewis gesagt, und das trifft in diesem Fall ganz sicher zu, wenn man nicht erkennt, welchen möglicherweise tödlichen Schlag die Unausgewogenheit des Maskulinen und Femininen der Gesundheit eines Individuums, einer Gesellschaft oder einer ganzen Zivilisation zufügen kann. Die Polarität der Geschlechter und des Maskulinen und Femininen ist in der Tat von grundlegender ontologischer Bedeutung. Wenn man ihre Komplementarität außer acht läßt, ihre gegenseitige Ergänzung, aus der die Ganzheitlichkeit des Seins auf der natürlichen Ebene hervorgeht, versetzt man dem wahren Selbst in jedem Menschen, *ja dem Sein selbst*, einen Schlag. Das wird mir immer klarer, wenn ich mit Menschen bete, die seelische Heilung brauchen. Es ist genau so, wie Karl Stern gesagt hat:

«Menschliche Angst läßt sich niemals rein biologisch oder psychologisch erklären. Es bleibt ein ontologischer (seinsmäßiger) Rückstand: die Spannung des ewig zwischen dem Sein und Nichtsein ausgestreckten Menschen.»[10]

Das Geschlecht hat Anteil am Mysterium des Seins. Und in der Angst eines Menschen – der, in welchem Ausmaß auch immer, zwischen Sein und Nichtsein ausgestreckt ist – muß man immer seine maskuline oder feminine Identität und deren Ausgewogenheit mit ihrer polaren Gegenseite in Betracht ziehen.

6 Die Frau in der Krise: Die Geschichte von Richards Frau und anderen

Im psychischen Budget des einzelnen müssen die beiden Komponenten männlich und weiblich ‹harmonisch miteinander verbunden› sein. Was ‹harmonisch verbunden sein› genau bedeutet, ist nicht so leicht zu erklären ohne längere klinische Beobachtung. Auf jeden Fall führt ein Mangel an Integration, eine Unausgewogenheit der beiden Prinzipien zu einem gestörten Leben. Coleridge machte eine für seine Zeit erstaunliche Feststellung, als er sagte: ‹Die Wahrheit ist, daß ein großer Geist androgyn sein muß.› Das gilt für jedermann, nicht nur für einen ‹großen Geist›, wir können es aber noch nicht klinisch präzisieren.

Karl Stern, The Flight from Woman[1]

Richards liebenswerte und wunderbar feminine Frau Renie sehnte sich nach Ganzheit, brauchte Gebet für die Heilung ihres Willens, damit dieser Zugang zu ihrem logischen, analytischen und maskulinen Verstand bekommen und ihn nutzen konnte. Ein Heilwerden auf diesem Gebiet würde sie nicht weniger feminin machen, sondern im Gegenteil, es würde die gute Seite ihrer Femininität bestärken und sie befähigen, die Fallgruben zu vermeiden, in die sowohl ihre als auch Richards Mutter gefallen waren.

In ihrer Passivität und Unfähigkeit zu kreativer Veränderung ist Richards Mutter das lebende Beispiel einer in vielen Punkten, besonders aber in ihrem Willen ungeheilten Frau. Sie befand sich in einer Art Lähmungszustand, in der es kein «Werden» mehr gab. Einen Zustand wie den ihren nannten die Seelenärzte der Antike «acedia», geistige Trägheit, ein Zustand, der in der Ablehnung jeglicher Freude endet. Sie ist eine Frau, die von ihrer männlichen Seite abgeschnitten ist, der Seite, die sie befähigen könnte, aus dem Sumpf ihrer subjektiven Gefühle, der Hölle des Selbst und des Selbstmitleids, dem Sumpf des Ersatzweiblichen zu entkommen. Richards Schwiegermutter dagegen bietet ein anderes erschreckendes Bild der Entfremdung vom gesunden Männlichen in einer Frau.

Richards Frau Renie war das einzige Kind einer äußerst besitzergreifenden Mutter. Diese Mutter steht als Beispiel für Frauen, die von ihrer männlichen Seite getrennt, dem Ersatzmännlichen unterworfen sind. Sie ist eine Frau, die nicht die Freiheit hat, zu werden, und deren kreative Energien deshalb auf einer niederen Ebene hervorbrechen – der Ebene einer dominierenden, manipulierenden Liebe zum Ehemann und den Kindern. Weil sie abgetrennt ist vom Positiven der Vernunft, von gesunder Initiative und der Kraft, sich an einer Welt außerhalb ihrer eigenen subjektiven Welt zu erfreuen, konzentriert sie sich auf diejenigen, die sich innerhalb ihres geschlossenen Kreises aufhalten. Obwohl sie niemals ihre Identität und ihre Erfüllung in ihrem Mann und ihren Kindern finden kann, hört sie nicht auf, genau das von ihnen zu fordern.

Richards Frau ist es nie gelungen, sich von den Ansprüchen ihrer Mutter zu befreien. Ständig kämpfte sie mit Schuldgefühlen, weil sie ihre Mutter nie zufriedenstellen konnte. Obwohl sie sich dessen nicht bewußt war, brauchte sie die Trennung ihrer Identität von der ihrer Mutter. Sie brauchte Gebet, um frei zu werden, die Position des kleinen, mit Schuldgefühlen beladenen Mädchens aufzugeben, aus der heraus sie dauernd versuchte, die verzehrende Liebe ihrer Mutter zu überstehen; genauso nötig brauchte sie aber auch das Gebet, aus ihrem Zentrum heraus leben zu können, sicher und froh, von dem Ort in ihrem Innern aus, wo ihr wahres mit Gott verbundenes Leben ruhte. So könnte auch die richtige Ausgewogenheit des Männlichen und Weiblichen in ihrem grundsätzlich aufs Reagieren ausgelegten weiblichen Selbst hergestellt werden.

Nach ihrer Heilung erhielt ich einen Brief von Renie, der ihre Lebensgeschichte enthielt. Ihre Heilung vollzog sich ein paar Monate nach der ihres Mannes, und zwar zu einem Zeitpunkt, als sie Gott gegenüber noch voller Ehrfurcht und Dankbarkeit gewesen war über all das, was mit Richard geschehen war, über die fortwährende Gegenwart Gottes und die Heilung, die er in ihrer Ehe bewirkt hatte. Ihre Ehrfurcht war zutiefst vom Glauben bestimmt – es war die Art Ehrfurcht, die immer Hand in Hand geht mit der Kraft, zu glauben und von Gott zu empfangen.

Bevor sie mich jedoch bei mir zu Hause besuchte – in ihrem neuen Zustand des wirklichen *Paarwerdens* –, waren sie zu einem kurzen Urlaub in ihr Elternhaus gefahren. Während dieses Besuchs hatte sich herausgestellt, daß ihre neugefundene Freude und Freiheit für die Eltern eine zusätzliche Bedrohung war, und Renie erkannte klarer als je zuvor, wie ernst ihre Probleme mit ihrer Mutter waren. Danach kam sie dann zum Gebet um Heilung zu mir, und als sie danach wieder abfuhren, machte ich den Vorschlag, daß sie ihre Geschichte aufschreiben und mir schicken solle. Ich mache das oft, denn es hilft nicht nur mir zu sehen, wie gut die betreffende Person die Gebete, die über ihr gesprochen wurden, verstanden und aufgenommen hat, sondern es hilft auch der Person selbst, sich und das Wirken der Gnade Gottes in ihrem Leben besser zu verstehen.

Es ist etwas Wunderbares, wenn man fähig ist, seine wahre Lebensgeschichte zu erzählen. Sie aufzuschreiben zwingt uns nicht nur, klarer zu denken, sondern öffnet unsere Herzen zu neuem «Sehen» und neuem Verstehen. In C.S. Lewis' Buch «Du selbst bist die Antwort» wird die Protagonistin Orual «durchtränkt mit neuen Bildern». Nach einem Gebet um innere Heilung werden die Leute oft mit inneren Bildern überhäuft. Wenn die Offenbarungen einmal begonnen haben, dauern sie so lange an wie Gebet und Stille.

Das betende Niederschreiben unserer Geschichte ist oft der Schlüssel zu einem besseren Verständnis dieser Geschichte. So war es auch bei Renie. Schon aus dem Grunde war ich so froh, daß sie auf meinen Vorschlag einging. Ich bin aber auch froh darüber, daß dieser Brief deutlich macht, wie wichtig es für Frauen ist, *ihre* Identität von der ihrer Mütter zu lösen. Der Brief offenbart auch einige der Gefahren im Leben einer Frau, die nicht stark genug mit ihrer maskulinen Seite verbunden ist und daher ihrem aufnahmebereiten, aber übermäßig passiven, grundlegend femininen Selbst ausgeliefert ist.

Renies Brief

«Meine Heilung begann, als ich von unserem vierwöchigen Urlaub bei meinen Eltern zurückkam. In unserer Post fand ich Ihr Buch ‹Das zerbrochene Bild›. Richard las es zuerst, und ein paar Tage später konnte ich auch anfangen, es zu lesen. Von Anfang an war ich fasziniert, aber das Gelesene drang erst bis in mein Innerstes vor, als ich zum Kapitel ‹lesbische Beziehungen› kam, besonders an die Stellen, wo es um besitzergreifende und dominierende Mütter geht. Je weiter ich las, desto größer wurde mein Staunen, denn zum ersten Mal in meinen nun einunddreißig Jahren beschrieb jemand meine Beziehung zu meiner Mutter. Obwohl diese Beziehung bei mir nicht zu einem lesbischen Problem geführt hat, wußte ich, daß sie ungesund war und mich völlig frustrierte.

Ich besprach mit Richard, was mir klar geworden war, und wir waren uns darin einig, daß ich mich um ein Treffen mit Ihnen bemühen sollte, um zu versuchen, den Grund der fortdauernden Belastung im Zusammenhang mit meiner Mutter zu erkennen.

Richard machte dann einen Termin mit Ihnen aus, und mich ergriff eine tiefe, von Herzen kommende freudige Erregung. Zum ersten Mal in meinem Leben hatte ich das Gefühl, daß *es wirklich Licht gab* am Ende des Tunnels.

Wir kamen bei Ihnen an, und Sie begrüßten uns liebevoll, entspannt und offen. Diese Begrüßung beruhigte meine Nerven. Ich glaube, so müssen sich in C.S. Lewis' Narnia-Geschichten die Kinder immer gefühlt haben, wenn sie Aslan trafen. Sie wußten, daß er kein zahmer Löwe war und daß sie ihm alles sagen mußten! Ich wußte, daß ich vor Ihnen völlig offen sein mußte, um meinem Problem auf den Grund zu kommen. Da ich es kaum abwarten konnte, die Lösung meiner lebenslangen Verwirrung zu finden, hatte ich den Mut, alles zu sagen.

Weil ich Ihr Buch gelesen hatte, wußte ich, daß ich so weit wie irgend möglich in meiner Erinnerung in die Vergangenheit zurückgehen mußte, um meine Geschichte zu erzählen.

Ich war ein Einzelkind und kam zur Welt, nachdem meine Eltern schon zehn Jahre verheiratet waren und sich sehnlichst ein Kind gewünscht hatten. Sie haben mir oft erzählt, wie schwierig es für Mama gewesen sei, schwanger zu werden. Sie wußte genau, in welcher Nacht sie mich empfangen hatte, weil sie und Papa sich etwas Neues ausgedacht hatten: die neue Methode bestand darin, daß sie ein Kissen unter Mutters Becken legten, um so die Position für eine Empfängnis zu verbessern. Sie blieb die ganze Nacht in dieser Stellung, um ja nichts von dem Sperma zu verlieren, das sie empfangen hatte. Es fiel mir immer schwer, diese Geschichte anzuhören. Ich mochte sie nie hören, denn sie war immer mit gewissen ‹Folgerungen› erzählt. Sie gab mir das Gefühl, daß ich, da ich ihnen so viel Mühe gemacht hatte, nun gefälligst auch ihre Erwartungen zu erfüllen hatte.

Mein ganzes Leben lang habe ich versucht, die Spannungen zwischen einer negativ eingestellten Persönlichkeit (meiner Mutter) und einer unbekümmerten Frohnatur (meinem Vater) auf meine Schultern zu nehmen. Ich kann mich nicht entsinnen, daß es bei uns je ohne Spannungen zuging, außer wenn wir Besuch hatten oder wenn wir unsere ganze Aufmerksamkeit dem Fernseher widmeten. Folglich sahen wir jeden Abend fern, und zwar nonstop. Mutter beschwerte sich, daß wir nie mit ihr sprachen, aber wenn ich es tat, hatte ich das Gefühl, es nur gezwungenermaßen zu tun. Anstatt die Freiheit zu haben, ihr etwas mitzuteilen, fühlte ich mich wie unter einem Zwang, Dinge von mir herzugeben, die ich lieber für mich behalten wollte. Ich hatte dann das Gefühl, von meiner Mutter wie von einem Staubsauger aufgesaugt zu werden.

Meine Eltern taten alles in ihrer Macht Stehende, um mir eine angenehme und abwechslungsreiche Kindheit zu bieten. Von meinem Vater fühlte ich mich immer bestärkt, er war jemand, mit dem ich über alles sprechen konnte, allerdings nur, wenn wir allein waren. Er war Versicherungsvertreter und mußte jeden Tag weite Strecken fahren. Es schien ihn glücklich zu machen, anderen auf diese Weise helfen zu können. Einige meiner glücklichsten Erinnerungen sind die wenigen Male, wenn ich im Sommer mit ihm fahren durfte. Es war eine große Erleichterung, mit Papa allein zu sein, weg von Mutters dominierendem Blick.

Obwohl Mutter viel besitzergreifender mit meiner Zeit umging als andere Mütter, dachte ich, das läge daran, daß ich das einzige Kind war. Wenn wir zum Beispiel freitags abends rundum bei Freunden schlafen durften, wurde ich regelmäßig Samstag früh von Mutters Hupe geweckt. Das bedeutete, daß ich nach Hause mußte. Manchmal konnte ich noch nicht einmal mehr frühstükken, weil ich schnell zum Auto mußte, obwohl alle anderen bis 10 Uhr blieben. Mutter erklärte dann, sie käme so früh, damit ich rechtzeitig mit dem Hausputz anfangen könne – meine Samstagmorgenbeschäftigung, seit ich denken kann. In gewisser Weise mochte ich sogar putzen, denn es gab mir Gelegenheit, ein wenig allein zu sein. Wenn ich mit dem alten Staubsauger das Eßzimmer saugte, konnte ich für mich sein und nachdenken. Manchmal war ich schnell fertig und ließ den Staubsauger dann einfach weiterlaufen, um diese Zeit für mich etwas auszudehnen. Die einzigen Momente, die ich ganz für mich hatte, waren dann, wenn ich putzte oder im Bad war (und selbst dort wurde ich manchmal gestört!). Oft las ich stundenlang, nur um allein zu sein.

Als ich in die Pubertät kam, begann ich, meine Eltern etwas objektiver zu sehen. Aber immer noch hatte ich dies dauernde Schuldgefühl, weil ich nicht in der Lage war, die Leere und Einsamkeit meiner Mutter auszufüllen, so sehr ich mich auch bemühte. Ich begann, heimlich zu rebellieren; offen zu rebellieren wagte ich nicht, weil es mir einfach zu schwierig erschien. Mit der Zeit wurde mir auch bewußt, daß sich in sexueller Hinsicht zwischen Mama und Papa nichts abspielte; das schien ihnen auch gar nichts auszumachen. Eines Tages wies mich Mutter auf zwei sich paarende Hunde hin und bemerkte dazu: ‹So machen es die Menschen, wenn sie Babys haben wollen.› Ich war angewidert, lehnte aber trotzdem meine eigene Sexualität nicht ab. Diese Bemerkung meiner Mutter und andere, die in die gleiche Richtung gingen, zeigten mir aber, daß sie keine Freude an der sexuellen Beziehung mit meinem Vater hatte.

Wenn ich mich in jenen Jugendjahren mit meiner Mutter stritt, endete das stets damit, daß sie mir Empfindlichkeit vorwarf und sich dann an Vaters Schulter ausweinte. Sie sagte dann jedesmal, wir würden nie gute Freundinnen werden, wie sie es sich immer gewünscht hätte.

Mutter hätte lieber gesehen, wenn ich auf das Junior College in der Nachbarstadt gegangen wäre, anstatt zur vier Stunden entfernten Staatsuniversität. Ich wollte aber unbedingt auf die Universität gehen, weil Vater auch dort gewesen war und weil ich ein bißchen unabhängiger von meinen Eltern werden wollte.

Schließlich ließen sich meine Eltern überzeugen, und ich durfte gehen. Im Sommer, unmittelbar nach meinem Highschool-Abschluß, begann ich mein Studium. In diesem Sommer und in meinem Studienjahr an der Universität holte ich alles nach, was ich bisher im Umgang mit Gleichaltrigen versäumt hatte. Ich schloß mich einer Studentinnenverbindung an, wurde von einer Studentenverbindung zum ‹Sweetheart› gewählt und fühlte mich äußerst wohl im Universitätsleben. Trotzdem kam ich mir wie gespalten vor, denn es wurde von mir erwartet, daß ich alle drei Wochen zum Wochenende nach Hause fuhr, ganz gleich, wie meine eigene Planung aussah. Außerdem wurde jede Woche ein Brief von mir erwartet. Ich mußte mit wöchentlich fünf Dollar für meine Ausgaben auskommen. Wenn ich einmal niemanden fand, der mich am dritten Wochenende mit nach Hause nehmen konnte, denn Geld zum Zugfahren hatte ich natürlich nicht, pflegte Mutter überall herumzutelefonieren, bis sie jemanden aufgetrieben hatte, ganz gleich, ob es einer meiner Professoren war oder ein völlig Fremder, bei dem ich mitfahren konnte.

Auf einer kirchlichen Freizeit am Ende meines ersten Studienjahres wurde ich Christin. Obwohl ich in der presbyterianischen Kirche großgeworden war, hatte ich nie begriffen, daß Erlösung nicht mein Verdienst ist oder mit meinem Wohlverhalten zu tun hat, sondern nur auf dem Glauben an Christi Erlösungstat beruht (seinen Tod und seine Auferstehung). Ich wurde aktives Mitglied der christlichen Studentengruppe an der Universität. Meine Eltern waren begeistert über die Veränderung in meinem Lebensstil, allerdings nur so lange, wie sie mich auch weiterhin als ihren Besitz betrachten konnten.

Durch die Studentengruppe lernte ich Richard kennen. In meinem zweiten Studienjahr begannen wir eine feste Freundschaft und trafen uns häufig. Wir stellten fest, daß uns so etwas wie eine Geistesverwandtschaft verband, und merkten auch, daß wir das Tempo, mit dem sich unsere Beziehung entwickelte, etwas drosseln mußten, und deshalb trafen wir uns in unserem dritten Studienjahr nicht mehr.

Ungefähr in dieser Zeit bat mich mein Vater, öfter nach Hause zu schreiben; er hätte das Gefühl, Mutter stünde am Rande eines Nervenzusammenbruchs, weil ich nicht mehr zu Hause sei. Im Geiste sah ich meine Mutter schon in der Nervenheilanstalt der Stadt, in der ich studierte. Ich machte einen Versuch mit ihnen, um zu testen, ob sie je mit mir zufrieden sein würden. Ich beschloß, ihnen ein ganzes Semester lang jeden Tag einen Brief zu schreiben. Es half überhaupt nichts, und nur ein einziges Mal dankten sie mir dafür, daß ich öfter schrieb.

Zur gleichen Zeit beschlossen Vater und Mutter, in meinen Studienort zu ziehen. Sie erklärten mir, der Umzug diene dem Zweck, ein altes Haus unweit vom Campus zu renovieren, um es dann an Studenten zu vermieten. Aber ich wußte, dies war nur ein erneuter Versuch, sich an mich zu hängen. An dem Tag, als sie beim Notar zur Unterschrift bestellt waren (sie kamen mit einem ganzen Wagen voller Haushaltsgegenstände), kam ich zu spät zu dem Haus, wo ich sie treffen sollte, weil ich eine wichtige Verabredung gehabt hatte. Wütend fuhren sie wieder ab, Mutter in Tränen aufgelöst, weil ich, wie sie sagte, anscheinend gar nicht wollte, daß sie in meine Nähe zogen. Ich hatte starke Schuldgefühle. Ich hatte die Umzugspläne nie für besonders gut gehalten, weil ich wußte, es würde ihnen nur vorübergehend helfen, und so war es dann auch.

Nach Abschluß meines Studiums teilte ich meinen Eltern mit, daß ich vorhätte, den Sommer über im Osten der Staaten mit einer christlichen Studentengruppe zusammenzuarbeiten. Da ich Geld gespart hatte, um die Reise zu finanzieren, waren sie damit einverstanden. Der Gruppe hatte ich mich hauptsächlich angeschlossen, weil Richard mich dazu ermuntert hatte, aber auch weil ich wußte, daß ich mich für ein Jahr verpflichten mußte, dem Rat des Gruppenleiters zu folgen und nicht dem meiner Eltern. Ich sah dies als einen möglichen Ausweg aus der besitzergreifenden Haltung meiner Eltern, einen Weg der schrittweisen Loslösung.

Ich begann meine Tätigkeit als Lehrerin in einer Schule des Ortes, in dem ich mit zwei anderen Mädchen aus der Studentengruppe zusammenwohnte. Schon bald waren die alten Spannungen mit Vater und Mutter wieder da. Wenn ich Termine für die christliche Organisation wahrzunehmen hatte, wollten sie unbedingt, daß ich sie besuchte. Sie redeten immer wieder mit dem jungen Mann, der unsere Gruppe leitete, merkten aber bald, daß sie ihn nicht so herumkommandieren konnten wie mich. In dem besagten Jahr gab es mehrere Szenen, nach denen ich von Schuldgefühlen geplagt war, weil ich den Eltern Kummer gemacht hatte, aber gleichzeitig wuchs mein Groll gegen die Eltern.

In diesem Jahr verlobte ich mich mit Richard. Ich war sehr glücklich, und der neue Status verringerte auch die Probleme mit meinen Eltern, obwohl es zusätzliche Spannung gab. (Ich wußte, daß meine Eltern es lieber gesehen hätten, wenn mein Zukünftiger aus meiner Heimatstadt gekommen wäre.)

Ich liebte Richard nun schon seit fünf Jahren, den größten Teil dieser Zeit waren wir jedoch getrennt gewesen. Deshalb war ich jetzt überglücklich, daß Gott uns zusammengebracht hatte. So wurde es mir leichter, mich über die Gedanken meiner Eltern hinwegzusetzen.

Nach acht Jahren Ehe war ich immer noch Hals über Kopf verliebt in Richard. Trotzdem fühlte ich mich immer noch an meine Eltern gebunden und ihren Launen und Wünschen ausgeliefert, und damit komme ich jetzt zu dem Zeitpunkt, als ich zu Ihnen kam, Leanne.

Ich habe Ihnen fast meine ganze Geschichte erzählt, Sie haben sehr aufmerksam zugehört. Ihre Bestätigung, daß mein Gefühl, gefangen zu sein, unfähig, mich in der Beziehung zu meinen Eltern zu bewegen, richtig war, hat mich erleichtert. Wir beteten dann in der Gewißheit, daß ich frei werden würde von der Bürde, die ich einunddreißig Jahre lang herumgeschleppt hatte.

Eine der ersten Erinnerungen, die zu meiner eigenen Überraschung hochkam, war ein Ereignis, von dem meine Eltern mir erzählt hatten. Als ich sechs Monate alt war, wäre ich beinahe gestorben und mußte mehrere Wochen im Krankenhaus bleiben. Es stellte sich heraus, daß diese Erinnerung der Heilung bedurfte. Sie luden Jesus ein, in diese Erinnerung hereinzukommen, und er heilte mich von der Angst und den Schmerzen, von denen diese Erinnerung begleitetet war.

Dann kamen wir im Gebet auf die Erinnerung, als meine Mutter mir die beiden sich paarenden Hunde gezeigt hatte, und wir beteten für mein Problem, daß ich Sexualität immer als etwas Schmutziges angesehen hatte. Sie baten mich, auf ein persönliches Wort Jesu in bezug auf die eigentliche Bedeutung von Sexualität zu hören. An das Wort, das ich dann von ihm empfing, erinnere ich mich ganz genau; es steht auch in meinem Gebetsheft. Es war genau das Wort des Verständnisses, das ich brauchte, um Sexualität von einer anderen Warte aus zu sehen.

Dann kamen wir zu meinem Hauptproblem: meine besitzergreifende Mutter. Sie baten mich, sie mir vorzustellen. Als ich es tat, erschien vor meinem inneren Auge ein häßliches, verrunzeltes Gesicht, das meiner Mutter gehörte. Sie forderten mich auf, Gott zu bitten, ihr zu vergeben. Später sagten Sie, dies ‹unerbetene Bild›, das ich gesehen hatte, sei die Art, wie mein Herz sich die krankhafte Form von Mutterliebe vorstellt, gegen die ich mich auflehnte. Nachdem ich meiner Mutter vergeben hatte, beteten Sie darum, daß meine Identität von der ihren getrennt würde.» (Renie beschreibt dieses Gebet zwar nicht im einzelnen, aber es war ein Gebet, in dem wir den Herrn baten, uns zu befähigen, jede einzelne bedrückende Fessel zu erkennen und zu zerbrechen, die sie in gefühlsmäßiger und geistiger Knechtschaft zu ihrer Mutter gehalten hatte. Wir beteten für die Heilung ihres Willens, der völligen Trennung ihres Willens von dem ihrer Mutter. Weitere Einzelheiten über dies Gebet ersehen Sie bitte aus Judiths Geschichte weiter hinten in diesem Kapitel. Im folgenden schreibt sie, in welchen Bereichen sie die stärkste Gebundenheit empfand und wie diese Bindung gelöst wurde.)

«Während Sie für mich beteten, ‹sahen› Sie eine Art Netz von Manipulationen, das schon vor meiner Empfängnis und meiner Geburt über mich gebreitet war. In der Kraft des Heiligen Geistes zerschnitten Sie im Gebet das Netz um mich, so daß ich frei war und meine Eltern nun objektiv – nicht mehr subjektiv wie vorher – sehen konnte. Und ich wurde wirklich frei von diesem Netz. Ich sah mich tatsächlich unter diesem Netz hervorkrabbeln. An einer Stelle sagten Sie zu mir, ich bräuchte mein Elternhaus jetzt nur noch dann zu besuchen, wenn ich es wirklich wollte. Bei diesen Worten kamen mir die Tränen, Tränen der Freude. Wir lachten zusammen über die Erleichterung, die diese Worte mir brachten. Ich erkannte langsam, daß ich zum ersten Mal in meinem Leben von meinen Eltern unabhängig war. Später erklärten Sie mir, daß ich nie mehr aus einem Schuldgefühl heraus mein Elternhaus zu besuchen bräuchte, sondern nur aus einer ‹Position der Stärke› heraus, und daß die Zeit kommen würde, wo ich, wenn ich zu Gott aufschaute, nicht mehr subjektiv auf die Forderungen meiner Eltern reagieren würde, ja, daß ich sogar fähig werden würde, ihnen geistlich zu dienen.

Sie beteten dann für mich, daß ich die Taufe des Heiligen Geistes empfinge, und salbten mich mit Öl. Es war mir, als ob ich schwebte. Als Sie beteten, daß meine Ohren die Stimme des Herrn hören möchten, mußte ich Gott laut danken für die Fähigkeit, von der ich jetzt wußte, daß ich sie erleben würde, nämlich ihn hören zu können. Sie beteten darum, daß mein Wille gestärkt werden möge, immer das zu tun, was recht sei, was der Herr mich zu tun lehrte und was das Beste für alle sei, einschließlich meiner Eltern.

Während wir beteten, hatte ich eine Vision, in der ich mich zusammen mit dem Heiligen Geist in einer Reihe von Drehungen forttanzen sah. Sie hatten die gleiche Vision, und wir beide staunten über all das Wunderbare, was geschah.

Ich verließ Ihre Wohnung wie betäubt vor Freude und von einem tiefen Frieden erfüllt. Richard war erstaunt über die völlige Veränderung, die in mir vorgegangen war, und er freute sich über jedes Wort, als ich ihm von unserem Gebet erzählte. Nach diesem Heilungsgebet bin ich mir endlich meines Alters bewußt. Früher fühlte ich mich immer so unreif, wenn ich mit Gleichaltrigen zusammen war. Zum ersten Mal fühle ich mich selbst für mein Leben verantwortlich. Das hat eine riesige Last von Richard weggenommen und damit auch von unserer Ehe.

Jeder Tag bringt mir neue Einsichten darüber, wer ich vor Gott bin. Ich bin in der Lage, Dialoge mit ihm zu führen, die ich vor meiner Heilung nie für möglich gehalten hätte. Seine Gegenwart ist für mich eine so allgegenwärtige Kraftquelle, daß ich mir mein Leben ohne dieses Kraftreservoir nicht mehr vorstellen kann.

Ich komme mir wirklich vor wie eine neue Renie, eine, die aktiv entscheiden kann, statt passiv Gefühle zu unterdrücken.

Meine Eltern haben sich dagegen gewehrt, daß ich von ihnen unabhängig werde. Indem ich mich aber dafür entscheide, Gott zu gehorchen, und nur das tue, was er mir aufträgt, erlebe ich, daß seine Liebe Freiheit mit sich bringt.

Meine Beziehung zu meinen Eltern hat sich verändert; wir haben angefangen, uns jetzt als Ebenbürtige zu begegnen, nicht mehr wie Über- und Untergeordnete. Durch die Heilung ist meine maskuline Seite zum Vorschein gekommen, die jahrelang unterdrückt war. Ich betrachte es als eine Herausforderung, diese Seite von mir zur Entfaltung kommen zu lassen. Manchmal möchte sich die alte Renie noch an die Pseudosicherheit klammern, die sie einmal in der gewohnten Passivität gefunden hatte, aber das ist eine falsche Art, das Leben zu leben, und bedeutet in Wirklichkeit, tot zu sein.»

Die Befreiung der Frau zum Werden

In Renies Leben gibt es keine unfähig machende Unausgewogenheit in ihrer geschlechtlichen Identität mehr. Sie kann jetzt jede neue Situation in ihrem Leben frei und objektiv betrachten, kann mit ihrem Mann und anderen Menschen, deren Rat sie schätzt, darüber sprechen, kann sie im Gebet und mit ihrem Verstand überdenken und die Veränderungen, die nötig sind, *in Angriff nehmen.* Sie tut jetzt nicht mehr – aus einem Gefühl der Abhängigkeit und aus Unreife – einfach das, was ihre Eltern oder irgend jemand anders bestimmen will, auch wenn es ihrem grundlegenden Wesen als Frau entspricht, auf die Nöte anderer zu reagieren. Jetzt, zwei Jahre später, wo sie wieder Berührung mit ihrer maskulinen Seite hat, ist sie in zunehmendem Maße frei, die Frau zu *werden*, als die Gott sie geschaffen hat. Obwohl ihr Vater es nicht geschafft hat, sie (oder sich selbst) von der Herrschaft ihrer

Mutter zu befreien und sie so schließlich als reifen Menschen zu bestätigen, hat sie ihre Freiheit in Christus gefunden.

Der Unterschied zwischen Renie und den älteren Frauen in ihrer Familie besteht darin, daß sie es geschafft hat, Hilfe zu finden. Wenn sie diese Hilfe nicht bekommen hätte, hätte sie bis zu ihrem Lebensende den Unterschied zwischen einer befreienden und einer verschlingenden Art von Mutterliebe nicht gekannt. Sie wäre weiterhin von dem Guten ihrer maskulinen Seite losgelöst gewesen und möglicherweise zum Ersatzmaskulinen übergegangen. Obwohl sie furchtbar fand, was ihre Mutter ihr angetan hatte, sah sie jedoch auch schon in ihrem Umgang mit den eigenen Kindern ihre Mutter «durchkommen». Im Zustand der eigenen Unfreiheit wäre sie kaum in der Lage gewesen, ihre Kinder zu freien Menschen zu erziehen.

In der Gemeinde besteht ein großer Bedarf an diesem Dienst der inneren Heilung, denn in unseren Kirchenbänken sitzen zahlreiche begabte, aber «gebundene» Renies. Man kann sich nur fragen, welche Menschen Richards oder Renies Mutter geworden wären, wenn sie die Gebetshilfe bekommen hätten, die sie gebraucht hätten. Beide sind in kirchlich geprägtem Umfeld aufgewachsen und haben der Kirche ihr Leben lang die Treue gehalten. Es ist wunderbar zu sehen, wie Frauen, die in ihrer *Persönlichkeitswerdung* so behindert waren, nach ihrer Heilung aufblühen und leitende Funktionen in der christlichen Gemeinde einnehmen. Es sollte eine vornehmliche Aufgabe und das Ziel der Gemeindeleitungen sein, solche Frauen dazu zu befreien, 1. die Persönlichkeiten zu werden, zu denen sie bestimmt sind, und 2. die «Mütter in Israel» zu werden, die andere lehren und ihnen zur Befreiung verhelfen können. Mit anderen Worten: wir brauchen kraftvolle Jüngerinnen ebenso wie Jünger. Nur dann werden Männer und Frauen in die Fülle ihrer Berufung in Christus hineinfinden. (Männer können ohne ganze, heile Frauen ihre Aufgabe im Reich Gottes nicht erfüllen.) Aber wir leben in einer Zeit, in der die meisten Pfarrer und ehrenamtlichen Leiter (seien sie nun Männer oder Frauen) nicht wissen, wie man solche Frauen heilen und befreien kann. Sie schrecken davor zurück, sich einer solchen Situation individueller geistlicher Not überhaupt zu stellen. Meist werden solche hilfesuchenden Menschen in eine Richtung abgeschoben, die sich dann für sie als eine neue Bindung herausstellt, sei sie intellektueller, ideologischer oder geistlicher Art, also die gerade populären psychologischen, philosophischen oder theologischen Strömungen. Oder man hält ihnen – um es sich leicht zu machen – ihre *Rolle als Frau* zu Hause oder in der Gemeinde als Weg zur Ganzheitlichkeit vor, anstatt ihnen deutlich zu machen, daß ihre Identität *als Persönlichkeit in Christus* wichtig ist.

Judiths Geschichte

Judiths Geschichte ähnelt der von Renie zwar darin, daß auch sie eine besitzergreifende Mutter hatte; was aber ihre geschlechtliche Ausgewogenheit betrifft, ist Judith das genaue Gegenteil von Renie. Sie war getrennt von ihrer primären geschlechtlichen Identität, ihrer weiblichen Seite, und deshalb in viel größerer seelischer Not, als Renie es gewesen war.

Judith hatte einen hochentwickelten analytischen Verstand, und sie hatte Erfolg in einem noch bis vor kurzem als «Männerjob» betrachteten Beruf. Auch körperlich war sie so trainiert, daß sie es in einigen Sportarten mit Männern aufnehmen konnte. Es machte ihr Spaß, ihre Kraft und ihre Ausdauer mit den Männern zu messen. Der männliche «Drang nach Macht» in ihr war stark entwickelt, ebenso die damit verbundene männliche Kraft zur Initiative. Wenn ihre feminine Seite ebenso stark entwickelt gewesen wäre, wäre das alles natürlich wunderbar gewesen, aber es bestand eben eine Unausgewogenheit. Ihre männliche Komponente war stark entwickelt, die weibliche dagegen war unterentwickelt geblieben. Es fehlte ihr die Verbindung zu ihrem Herzen und ihrer femininen intuitiven Vernunft. Sie hatte die Verbindung mit dem geschlechtsspezifischen, weiblichen Drang nicht hergestellt. Wie ich bereits ausgeführt habe, ist das bei der Frau der Drang, auf das Männliche zu reagieren und es aufzunehmen. Ist dieser Drang nicht lahmgelegt, gehört er biologisch, körperlich und seelisch ganz natürlich zu einer Frau. Judy hatte diesen Drang noch nie kennengelernt.

Da Judy von ihrer intuitiven Seite losgelöst war, merkte sie nicht, daß sie ihrer Mutter vergeben mußte. Sie hatte einen tiefsitzenden Groll gegen sie, der jedoch völlig unterdrückt war und den sie sich deshalb nicht eingestehen konnte. Ihr war jedoch bewußt, daß sie Befreiung von tief verwurzelten, starken und abnormalen Zwängen brauchte. Diese Zwänge standen in direkter Beziehung zu ihrem Verhältnis zu ihrer Mutter und gingen mit einer ernsten symbolischen Unausgewogenheit des Geschlechts einher. Ihre Zwänge waren lesbischer Natur.

Ihre lesbische Aktivität dauerte schon geraume Zeit, und nach eigener Aussage waren es bestimmte Frauentypen, die sie immer wieder erregten. Sie hatte ein großes Bedürfnis nach körperlicher Nähe und war – sie war jetzt einunddreißig Jahre alt – völlig unfähig, Beziehungen zu Männern aufzunehmen. «Muß ich denn leben und sterben, ohne daß dieses Problem in mir behandelt wird?» fragte sie verzweifelt. Ich versicherte ihr, daß sie das sicherlich nicht müsse und daß es so etwas wie eine Lesbierin oder einen Homosexuellen strenggenommen gar nicht gäbe, sondern nur Menschen, die von einem wichtigen, aber *nicht bestätigten Teil* ihrer selbst getrennt seien. Ich versicherte ihr, daß Gott uns heute noch helfen würde, die Lösung zu finden.

Ich fragte sie dann, welche Geschichte in dem Buch «Das zerbrochene Bild» sie besonders angesprochen habe. Denn es war genau der Zeitpunkt, an dem es darum ging, ob wir «genügend in Berührung mit unserem inneren Selbst sind, um merken zu können, daß wir nicht vergeben haben». Sie meinte, daß keiner der geschilderten lesbischen Fallbeispiele in dem Buch so richtig auf sie passe. Es stellte sich jedoch heraus, daß ihr Fall ein klassisches Beispiel für eine Kategorie darstellte, die ich in dem Buch beschrieben habe, und zwar der Kategorie, wo lesbisches Verhalten direkt mit der notwendigen Befreiung der betroffenen Frau von den Auswirkungen des Verhaltens einer extrem besitzergreifenden und dominierenden Mutter zusammenhängt.[2]

Judys Mutter war Ende Vierzig, als Judy als erstes und einziges Kind geboren wurde. Als ich Judy fragte, wie ihre Mutter als weibliches Rollenvorbild gewesen sei, antwortete sie rasch: «Oh, wenn ich an meine Mutter denke, denke ich nicht an sie als Frau.» Als ich das hörte, wußte ich, daß sie die Femininität ihrer Mutter und damit auch ihre eigene Femininität abgelehnt hatte.

Bevor Judy ihre eigene Weiblichkeit würde annehmen können, mußte sie ihrer Mutter vergeben, daß sie ein so schlechtes (und, wie sich herausstellte, auch abstoßendes) weibliches Rollenvorbild war, und sie mußte sich von allen Kindheitsschwüren lossagen, die sie in bezug auf ihre Mutter getan hatte. Und noch etwas mußte der Mutter vergeben werden: das, was in Judys Fall die Hauptursache ihrer lesbischen Neurose war. Von Judys frühester Kindheit an hatte ihre Mutter systematisch und ausschließlich die volle Aufmerksamkeit ihrer Tochter gefordert. Sie hatte es besonders immer darauf angelegt, sie von allen Kontakten mit Jungen und Männern fernzuhalten. Psychologisch wirkte sich das bei Judy so aus, daß sie völlig frauenzentriert war. Ihr Verlangen nach dem andern Geschlecht konnte sich überhaupt nicht entwikkeln. Judys Leben war davon so sehr durchdrungen, daß sie gar nicht merkte, wie verkehrt das war und daß sie ihrer Mutter dieses Verhalten vergeben mußte. Sie fühlte sich schuldig, weil sie einen halben Kontinent zwischen sich und ihre Mutter gelegt hatte und weil sie ihrer Mutter nicht mehr die Aufmerksamkeit schenkte, die diese verlangte. Ihr Zorn gegen ihre Mutter wirkte verheerend in den Tiefen ihrer Seele, auch wenn sie ihn nicht eingestand.

Ihre Mutter sei wie ein Staubsauger, sagte sie (gleichzeitig alle möglichen Entschuldigungen für die Mutter vorbringend), immer auf dem Sprung, sie zu verschlucken. (Es ist interessant, daß sie und Renie denselben Vergleich benutzen.) Schaudernd fragte sie mich, warum es so furchtbar auf sie wirke, wenn ihre Mutter zu ihr sage: «Mein Leben dreht sich um dich. Du bist mein Leben.» Aber sofort bat sie den Herrn um Vergebung, daß sie so etwas überhaupt gesagt hatte, und begann mir zu erzählen, wie grundgut und wohlmeinend ihre Mutter eigentlich sei. Sie war erstaunt, als ich ihr sagte, statt sich für ihre Mutter zu entschuldigen, solle sie lieber das Problem vor Gott als solches anerkennen und ihrer Mutter ihre Taten und Worte vergeben.

Obwohl Judys Hauptproblem mit ihrer Mutter zusammenhing und es zu einer Heilung kommen würde, wenn sie ihrer Mutter vergeben und ihre Identität von der mütterlichen Quelle ihres Seins getrennt sein würde, war es auch nötig, daß sie ihrem Vater vergab. Während Renies Vater ein liebevoller und bestätigender Mensch war, der zu einem gewissen Grad die Kontrolle der Mutter über die Tochter linderte, trat Judys Vater im Haushalt kaum in Erscheinung. Auch er wurde von seiner Frau total beherrscht. Als scheinbar völlig farbloser und schwacher Mensch wirkte er (zumindest in Beziehung zu Judy und ihrer Mutter) fast wie eine Nichtperson. In keiner Weise konnte er sich als Pufferzone zwischen seine Frau und seine Tochter stellen.

Die Gebete und das Verständnis, die Judys Heilung bewirkten

Meine erste Frage an Judy war, ob sie bereit sei, über ihr lesbisches Verlangen Buße zu tun und sich völlig davon zu lösen. Dazu war sie nur zu gern bereit, denn neben dem Wunsch, Gott zu gefallen, wußte sie auch, daß offenes, ausgelebtes lesbisches Verhalten sie noch unglücklicher machen und ihr Problem nicht lösen würde. Das dann folgende Gebet und die Annahme der Vergebung machten den Weg frei für ihre seelische Heilung.

Während wir beteten und über alles sprachen, fing sie an, ihre geschlechtliche Verwirrung zu verstehen und zu sehen, wie ihre starken lesbischen Zwänge eben aus dieser Verwirrung entstanden waren. Das symbolische Wesen ihres Problems wurde ihr durch folgendes völlig klar: Ich fragte sie nach den Haupteigenschaften der drei Frauen, zu denen sie sich hingezogen fühlte. Ihrer Beschreibung nach waren sie ihr selbst sehr ähnlich: erfolgreich, mit scharfem Intellekt begabt und der Fähigkeit, Initiative zu ergreifen. Es gab allerdings eine auffällige Ausnahme; alle drei Frauen waren auf eine intensive und wundervolle Weise feminin. Und hier sehen wir wieder den kannibalischen Zwang, von dem bereits die Rede war. Judys seltsamer und zwanghafter Drang, diese Frauen zu halten und von ihnen gehalten zu werden, war nur ein verwirrendes Signal für ihr Bedürfnis, Zugang zu ihrer eigenen femininen Seite zu bekommen. *In ihnen* sah sie ihre eigene entfremdete Femininität; sie projizierte ihre eigene, nicht wahrgenommene Femininität auf sie.

Dadurch litt sie unter der zwanghaften Versuchung, sich körperlich mit dieser Femininität zu vereinigen. Sie war völlig verblüfft, als sie das sah, und ihr Herz erkannte es sofort als Wahrheit.

Judy mußte einerseits ihrer Mutter vergeben, aber sie brauchte auch Gebet, um ihre Identität von der Identität ihrer Mutter lösen zu können. Außerdem war Gebet nötig, um aus den Fesseln der besitzergreifenden und beherrschenden Mutter heraus zu einer völligen inneren Freiheit zu gelangen. Die seelische Not ist in einem Fall wie dem ihren sehr groß.

«Bei einer solchen Heilung rufen wir die Gegenwart des Herrn an und bitten ihn, mit seiner Kraft und seiner Liebe zu uns zu kommen und uns zu befähigen, die bedrückenden Fesseln, die die betreffende Person gefühlsmäßig und geistig an einen anderen Menschen gebunden haben, zu erkennen und zu lösen. Natürlich kommt ein solches Problem in unterschiedlicher Schwere vor, aber bei einigen dieser Fälle ist es, als ob die Seele von der Seele der Mutter ‹besessen› sei. Das Gebet ähnelt dann dem eines Exorzismus, nur wird in diesem Fall für die Befreiung von der Herrschaft der Mutter und ihrer Eingriffe in Geist und Seele der Tochter gebetet. Eine Tochter sagte einmal zu mir: ‹Meine Mutter hat meinen Geist vergewaltigt.› Eine andere: ‹Ich werde das Gefühl nicht los, daß meine Mutter gegenwärtig ist, obwohl ich Hunderte von Meilen von ihr entfernt bin.› Das ist wirklich eine schreckliche Gebundenheit.

In einem solchen Fall muß man sich zuerst mit den falschen Schuldgefühlen befassen, damit sich die betroffene Frau nicht (unbewußt) gegen die Heilung sträubt und sich statt dessen selbst heftige Vorwürfe macht und sich die Schuld gibt für die Probleme mit der Mutter. Eine solche Frau empfindet oft ein vages und irrationales Schuldgefühl, weil sie den Wünschen ihrer Mutter nicht entsprochen hat, ihre Erwartungen nicht erfüllt hat und nie fähig war, sie ‹genug zu lieben›. Solche Schuldgefühle sind mitunter begleitet von lähmenden Empfindungen wie Mitleid und Trauer über die Leere im Leben der Mutter. Wenn die betroffene Frau sich gegen die psychologische Manipulation durch die Mutter wehrt, muß man ihr die Angst nehmen, sie verhielte sich unchristlich oder lieblos. Sie ist ja schließlich mit dieser Manipulation großgeworden und hat sie für ‹Liebe› gehalten. Man muß ihr versichern, daß sie erst dann, wenn sie ihre Freiheit angenommen hat (d.h. erst wenn ihre Identität völlig von der ihrer Mutter losgelöst ist), zu echter Liebe und einer richtigen Beziehung zu ihrer Mutter fähig sein wird – dann nämlich, wenn sie eine heile, in sich ruhende und sich sicher fühlende Persönlichkeit sein wird. Solange das nicht der Fall ist, gibt es in ihr immer noch einen Teil, der unreif ist, noch unter der Herrschaft der Mutter steht und ihrer Manipulation ausgesetzt ist. Wenn sie endlich sicher ist, wird sie bereit sein, ihre Freiheit anzunehmen, eine Freiheit von der Subjektivität, die die Reife eines wesentlichen Teils ihrer Persönlichkeit, wenn nicht die der gesamten Persönlichkeit, behindert.

Beim Befreiungsgebet für einen solchen Menschen bitte ich die Betreffenden gewöhnlich, Jesus mit den Augen ihres Herzens anzusehen, ihn zu sehen, wie er am Kreuz hängt und dort ihren ganz persönlichen Kummer, alles, was sie bedrückt und quält, auf sich nimmt, auch alle Unversöhnlichkeit und Sünde in ihren Herzen. Ich bitte sie, die Hände zu ihm auszustrecken und zu sehen, wie aller Kummer und alle Dunkelheit in seine ausgestreckten, von Nägeln durchbohrten Hände fließt, während ich für die Loslösung ihrer Seelen von der Beherrschung durch ihre Mütter bete. Oft frage ich sie dann leise, ohne den Rhythmus des Gebets zu unterbrechen: ‹Was sehen Sie jetzt mit den Augen Ihres Herzens?› Und es ist wunderbar, was sie sehen, wenn die Dunkelheit aus ihnen heraus und in ihn hineinfließt. Oft sehe ich dann das gleiche ‹Bild›, je nachdem, wie der Heilige Geist uns führt.

Dann bitte ich die betreffenden Frauen, sich ihre Mutter vorzustellen. Dies halte ich für einen sehr wichtigen Schritt. Da der Heilige Geist die Leitung hat und geistesmächtige Heilung stattfindet, können die Frauen sich ihre Mutter fast immer vorstellen und sehen dann ein Bild von ihr, das höchst aufschlußreich ist und es ihnen ermöglicht, zum ersten Mal in ihrem Leben die Mutter objektiv zu sehen, ein Bild, das es ihnen leichter macht, ihr zu vergeben. Dann bitte ich sie, genau nachzudenken, ob da nicht doch noch etwas ist, was sie an ihre Mutter bindet. Sie *sehen* es, und sie *benennen* es auch. Dann bitte ich sie, die Fesseln, die sie noch sehen, zu zerschneiden, so als ob sie eine Schere in der Hand hätten. Man kann die Erlösung, die sich danach einstellt, oft als geradezu phänomenal bezeichnen. Manchmal geht diese Erlösung mit bestimmten emotionalen und sogar körperlichen Reaktionen einher. Wir haben diese Fesseln manchmal als dicke, krankhafte Nabelschnüre gesehen, manchmal auch als dünne Seile zwischen den Seelen von Mutter und Tochter. Wenn sie zerschnitten werden, sehen wir ein symbolisches Bild, ein echtes Bild der Befreiung, die gerade stattfindet.»[3]

Genauso beteten auch Judy und ich. Als sie ihrer Mutter vergab, begannen der ganze von ihr bisher nicht wahrgenommene Zorn und die feindseligen Gefühle ihrer Mutter gegenüber aus ihrem Herzen hervorzuquellen und in die ausgestreckten Hände Jesu hineinzufließen. Anstatt wie früher Gott um Vergebung zu bitten, daß ihre Mutter ein Problem haben *könnte*, kam sie jetzt an den Punkt, wo sie ausrief: «Mutter, du bist schuld an allen meinen Problemen. Du hast mich so furchtbar verletzt.»

Ihr Herz hatte das alles schon die ganze Zeit gewußt, aber jetzt, da Judy sich der Situation gestellt und sie zugegeben hatte, konnte sie von ihrem unterdrückten Zorn befreit werden, und sie konnte ihrer Mutter völlig vergeben. Und mehr noch, sie konnte jetzt für ihr eigenes Handeln die volle Verantwortung übernehmen. Sie tat das und bekannte Gott ihr Fehlverhalten. Als sie im Gebet die Fesseln zwischen sich und ihrer Mutter beim Namen nannte und sie zerschnitt, rief sie: «Ich habe den Geist meiner Mutter in mir, nicht den Geist Christi!» Sie sah eine graubraune geistige Substanz wie eine klebrige Schnur von ihrer Mutter herkommend sich durch ihren ganzen Körper ziehen. So stellte sich ihr Herz die krankhafte Form von Mutterliebe vor, die sie erfahren hatte. Ich betete so lange weiter für sie, bis sie sah, wie diese Substanz von ihr weg in den gekreuzigten Leib hineinfloß. Dann betete ich, daß Christi Liebe und sein Licht in sie übergehen und all die Stellen, wo die Fesseln gewesen waren, ausfüllen möge.

Nachdem ihre Identität auf diese Weise von der ihrer Mutter getrennt war, gab es noch einen weiteren wichtigen Punkt, der der Heilung bedurfte. Ich bat den Herrn, in sie hineinzukommen und die schöne *Frau* in ihr zu finden und zu bestätigen. Wir setzten das Gebet mit Handauflegung fort, während Jesus sie berührte und sie in ihrer Weiblichkeit heilte. Sie selbst war natürlich noch nicht in der Lage, den Glauben daran freizusetzen, aber wir Seelsorger können lernen, dies zu tun.

Schließlich betete ich um die Gabe der Keuschheit und der Ehelosigkeit, bis sie einmal heirateten würde – ein Gebet, das sie sehr überraschte. Ich habe gelernt, daß man so beten muß, denn wenn ein bisher unterdrückter Geschlechtstrieb einmal befreit ist, hat er das Bestreben, verlorene Zeit aufzuholen. Äußerst erstaunt rief sie mich noch am selben Wochenende an: Bei einer geschäftlichen Besprechung mit einem jungen Witwer, der Christ war, hatte sie zum ersten Mal ihren weiblichen Drang zum anderen Geschlecht gespürt. «Darauf habe ich mein ganzes Leben lang gewartet. Bin ich froh, daß Sie um die Gabe der Keuschheit gebetet haben!» Heute ist diese junge Frau auf wundervolle Weise heil, und ihre gesamte körperliche Erscheinung spiegelt die Ausgewogenheit des Maskulinen und Femininen in ihrem Leben auf eine für eine Frau richtige und angemessene Weise wider.

Wenn eine Frau zu ihrem Mann hin verkrümmt ist

Renie und Judy waren von Herzen bereit, all ihre Götzen aufzugeben, ihre Identität in Christus anzunehmen und im Hören auf Gott zu gehorchen. Das ist nicht bei allen Frauen der Fall. Weitaus mehr Frauen müssen an einem anderen Punkt geheilt werden, und zwar die Frauen, die nicht zu ihren Müttern oder ihren Familien hin verkrümmt sind, sondern zu ihren Ehemännern. Diesen Frauen fehlt der Zugang zum Maskulinen in sich. Sie laufen Gefahr, entweder ein völliger Niemand zu werden oder anzufangen, zu manipulieren. Diese Frauen sind «verkrümmt», sie haben nicht mehr die aufrechte, hörende Haltung Gott gegenüber, wo sie ihre Identität finden können. Sie sind verbogen, ihrem Götzen, ihrem «Idol» zugeneigt und fordern ihre Identität von ihm her. Diese Frauen bedürfen dringend des Gebets um geschlechtliche Ausgewogenheit.

Was bei Frauen zu dieser Verkrümmung führt

Der normale Drang einer Frau, vom Mann zu empfangen und auf ihn zu reagieren, kann in einen Zustand der Verkrümmung zum Ehemann hin pervertiert werden. Das ist dann das genaue Gegenteil echter Ergänzung in der Ehe. Ihre weibliche Fähigkeit zu antworten macht einen Götzen aus ihrem Ehemann und aus ihrer Ehe, anstatt zur gegenseitigen Ergänzung zu verhelfen. Jede mißbrauchte Ikone, jedes mißbrauchte oder mißverstandene Sakrament wird – anstatt zum Mittel, durch welches wir Gottes Gnade empfangen – zu einem Abgott, einem schrecklichen Götzenbild, auf das wir unsere schlimmsten Ängste und abergläubischen Vorstellungen werfen, die sich dann wiederum in diesen Götzen verfestigen. Wir nehmen etwas Gutes, mißbrauchen es und machen es dadurch zu etwas Schlechtem für unseren Geist und unser Herz. Statt Licht und Leben bringt es uns Dunkelheit und sogar den Tod. Genauso ist es mit unseren besonderen Eigenschaften als Männer und Frauen, und zwar in besonderem Maße in der Ehe. Weil wir vom Sündenfall mitbetroffen sind, laufen wir Gefahr, diese an sich guten Dinge als das höchste Gut anzusehen, und so kann daraus Götzendienst entstehen. Die jungen Männer, von denen ich am Anfang schrieb, suchten gerade wegen ihrer großen Gaben als *Männer* die Bestätigung ihrer Männlichkeit nicht in Gott, ihrem höchsten Gut, sondern in ihrer außergewöhnlichen Fähigkeit, ihre äußere Umgebung zu erforschen, zu formen und zu beherrschen. Für die jungen Frauen dagegen bestand aufgrund ihrer Begabtheit als Frauen und des normalen weiblichen Dranges, den Mann zu empfangen und auf ihn zu reagieren, die Versuchung, ihre Bestätigung und ihre Identität nicht mehr in der Liebe ihres Schöpfers zu suchen, sondern in der Liebe eines Mannes. Durch eigene Erfahrungen zu Beginn meines Lebens als erwachsener Christ wuchs mein Verständnis dafür, warum Frauen in ihrer Beziehung zu ihren Ehemännern solche Probleme haben. Ich sah sehr deutlich, daß die Frau aufgrund des Sündenfalls zum

Mann hin verkrümmt ist und ihre Identität in ihm zu finden versucht.

«Und zum Weibe sprach er: Ich will dir viel Mühsal schaffen, wenn du schwanger wirst; unter Mühen sollst du Kinder gebären. *Und dein Verlangen soll nach deinem Manne sein*, aber er soll dein Herr sein» (1.Mose 3,16).

Gott erschloß mir dieses Bibelwort, und ich lernte daraus, mich aufzurichten und in aufrechter Haltung meine Identität in ihm zu finden. In der Erlösung der Frau ist auch die Heilung aus dieser gekrümmten in die aufrechte Haltung *enthalten*; die Erlösung gibt ihr die Möglichkeit, Gott zu gehorchen und ihre Identität in ihm zu finden; sie läßt die Frau entdecken, was echte christliche Unterordnung unter den Ehemann, den Nächsten und die Gemeinde bedeutet.

Wenn jemand, so wie ich, die Realität des Christus in uns und das Wirken des Heiligen Geistes in unserem Leben lehrt, dann spricht er über das große Thema der Freiheit der Christen. Von Anfang meines Dienstes an habe ich Frauen erlebt, denen der Weg zu dieser Freiheit versperrt war aufgrund ihrer falschen Vorstellung vom Wesen christlicher Unterordnung. Einige der Frauen, die am dringendsten Hilfe brauchten, scheuten sich, Gott zu gehorchen, weil sie glaubten, das würde dem Gebot der Unterordnung ihren Ehemännern, ihren Pastoren oder anderen Menschen gegenüber widersprechen. Obwohl sie schwerwiegende Probleme hatten, konnten sie sich doch nicht dazu entschließen, das Richtige zu tun, und merkten gar nicht, daß sie (und nur sie allein) die Verantwortung dafür trugen, daß sie sich Gott nicht unterordneten.

Aber das Problem ist nicht nur auf Frauen beschränkt. Es gibt auch Männer, deren maskuline Seite unterdrückt ist aufgrund falscher Vorstellungen vom christlichen Gehorsam den Eltern, dem Vorgesetzten oder einem christlichen Leiter gegenüber. Ich kenne Gruppen von Männern und Frauen in Ordensgemeinschaften und christlichen Kommunitäten, die ihr wahres Selbst in den Tod gaben und das «Gehorsam gegen Gott» nennen – alles im Namen der Demut und der christlichen Unterordnung. Eine Frau, ein Mann oder eine Gruppe kann nicht auf Gott hören und gehorchen, wenn sie nicht verstanden hat, worum es bei christlicher Unterordnung geht; sie kann Gott nicht fruchtbringend gehorchen. Die Frauen sind dabei diejenigen, die am meisten Schaden erlitten haben.

Die Heilung der Frau

Obwohl ich in diesem Buch nicht über die sozialen Dimensionen der Unterordnung von Frauen (oder Frauenbefreiung) sprechen will, müssen wir sie doch wenigstens kurz streifen, da dort die psychischen Schwierigkeiten so vieler Frauen zu finden sind. Renies Schwierigkeiten, die ihrer Mutter und ihrer Schwiegermutter, müssen in diesem Zusammenhang gesehen werden. Ihre Welt war eng und begrenzt, was die Ansichten über den Platz der Frau betraf.

Blockaden, wie sie die Frauen in Richards Familie erlebten, die das *Werden* behindern, wurden oft durch das Mißverständnis der Kirchen darüber aufgerichtet, wo der Platz der Frau ist und was christliche Unterordnung eigentlich ist. Noch bis vor kurzem wurde die Rolle der Frau so sehr betont, daß dadurch die Möglichkeit, sie als eine eigenständige Person zu sehen, fast völlig ausgeschlossen wurde. Sowohl Renie als auch ihre Mutter sowie Richards Mutter waren in einer Kultur aufgewachsen, die die Rolle der Frau betonte, sie aber kaum als Individuum sah, und wenn die Frau überhaupt wahrgenommen wurde, dann bestenfalls als Karikatur.

Auf dem Höhepunkt der extremen Lehren über die Unterordnung der Frau war ich mit unzähligen verletzten und verzweifelt hilfesuchenden Frauen konfrontiert. Viele von ihnen hatten durch die charismatische Erneuerung, die sich in der Kirche ausbreitete, zum ersten Mal Freiheit in Christus gefunden. Diese Frauen begannen gerade aufzublühen, als die extremen Lehren über die Unterordnung der Frau sich wieder breitmachten. Am Ende der Seminare über das Heilungsgebet warteten betroffene Frauen, die das quälte, in langen Schlangen, um im Gebet Hilfe zu finden, an die sie kaum noch zu glauben wagten.

Eine Frau, die bis spät in die Nacht gewartet hatte, um noch mit mir zu beten, sagte zu mir: «Wenn ich heute nacht keine Hilfe bekomme, bringe ich mich um», und das meinte sie bitterernst. Wie sich herausstellte, hatte sie ernsthafte Schwierigkeiten im Umgang mit Männern, Schwierigkeiten, die sie nicht verstehen konnte. Der Pfarrer, an den sie sich um Hilfe gewandt hatte, hatte sie daran erinnert, daß sie doch einen guten Ehemann hätte; sie solle doch einfach heimgehen und sich ihm unterordnen, dann würde schon alles gut werden. Diese junge Frau und Mutter kannte die guten Eigenschaften und Gaben ihres Ehemanns sehr wohl, aber da sie ihr eigenes wirkliches Selbst noch gar nicht kennengelernt hatte, wußte sie nicht, *was* sie ihrem Ehemann unterordnen sollte. Ihr eigener Vater hatte sie nie als Frau oder als Person bestätigt, und so mühte sie sich noch immer damit ab, ihr Selbst zu finden. Deshalb konnte sie die Worte ihres Pastors nur mißverstehen und unterließ schließlich auch noch die kleinsten Versuche, eine eigenständige Person zu werden – im Glauben, das sei Unterordnung.

Im Gebet mit ihr bat ich Gott, die Wurzelerinnerung zu Tage zu bringen, die ihre Furcht vor Männern ausgelöst hatte. Es kam dann eine Erinnerung hervor, die in der Tiefe ihres Unterbewußtseins versenkt gewesen war – eine Erinnerung, die sie völlig unterdrückt hatte, und zwar die Erinnerung an einen frühen Inzest. Ihr Vater, in der Heimatstadt ein Akademiker von hohem Ansehen, hatte sie sexuell mißbraucht. Weil er sie schon als kleines Kind nicht hatte schützen und ihr Sicherheit geben können, hatte er darin versagt, sie als Persönlichkeit zu achten. Der Mißbrauch war zwar nicht bis zu einer Vergewaltigung gegangen, aber sie war genital mißbraucht worden. Sie war wie ein Objekt behandelt worden, ohne Liebe. Erst als sie das verarbeitet hatte, als sie vergeben und ihr Selbst angenommen hatte, ein von ihrem Vater mißbrauchtes, geschändetes Selbst, konnte sie damit beginnen, eine positive Beziehung zu ihrem Ehemann und seinen sexuellen Bedürfnissen aufzubauen.

Ihre Not war sehr groß, und wir können sicher nachvollziehen, wie frustriert sie über sich selbst war und über das Problem, das sie ihrem Mann wissentlich bereitete. Aber warum führte diese Frustration über die wiederholten Ermahnungen ihres Pastors sie dazu, ernsthaft an Selbstmord zu denken? Mir ist klar, daß es sich bei diesem Fall um einen Extremfall handelt, aber solche Fälle sind leider nicht selten. Wie kommt es jedoch, daß andere Frauen in weniger schwierigen Notlagen in eine so unerklärliche Frustration getrieben werden, wenn ihr Pastor oder eine andere Autorität sie ermahnt oder für sie betet, daß sie gute Ehefrauen und Mütter werden sollen?

Obwohl eine betroffene Frau es wahrscheinlich nicht verbalisieren kann, besteht ihr Problem darin, daß der Pastor sie als eine *Klassenzugehörige* und nicht als Individuum sieht. Und deshalb zwingt er sie, wenn auch oft unwissentlich, wieder zurück in die «gefallene Position», eine Position, in der sie ihre Identität in einer Rolle oder einem Menschen (ihrem Ehemann oder ihren

Kindern) sucht, statt in Christus. Und während der Ermahnung erkennt sie, daß das ein sinnloses Unterfangen ist. Ihr Pastor sollte besser so beten: «Ich danke dir, Herr, daß du ihren Ehemann und ihre Kinder durch sie liebst.» So bliebe die Identität der Frau gewahrt.

Dorothy Sayers schreibt, wie dringend nötig wir es haben, uns zuerst als *Personen* und nicht als Angehörige eines Standes oder einer Gruppe zu betrachten:

«Alle Kategorien, auf denen man besteht, über den unmittelbaren Zweck hinaus, dem sie dienen, erzeugen Klassengegensätze und Spaltung in einem Staat, deshalb sind sie gefährlich ... Es ist jetzt an der Zeit, stärker auf das Bedürfnis jeder Frau – und auch jedes Mannes – als individuelle Persönlichkeit einzugehen. Man zerstört die Grundlagen des Staates, wenn man ständig eine Klasse der anderen gegenüberstellt: die Jungen den Alten, die Arbeiter den Intellektuellen, die Reichen den Armen, die Frauen den Männern; wenn die Kluft erst zu tief ist, gibt es keine andere Lösung mehr als Gewalt und Diktatur.»[4]

Sie fährt fort mit der Frage: «Sind denn alle Menschen dazu geschaffen, die gleiche Arbeit zu tun? Nein, natürlich nicht ... Wir (Männer und Frauen) sind gleichwertig in unserer Geschöpflichkeit – aber verschieden in den Funktionen, für die wir geschaffen sind.» Es ist jedoch schädlich für uns, *zuerst* «unsere Rolle als Frau» und «die Funktion der Frau in der modernen Gesellschaft» zu untersuchen, *bevor* wir unsere Rolle als *Person* unter die Lupe genommen haben.

Viele von uns verstehen die Wahrheit dieser Aussage von Dorothy Sayers, und einige können sie auch gut mit eigenen Worten ausdrücken. Trotzdem geht der Kampf im Herzen der meisten Frauen weiter – ein stiller Kampf, den wir gewöhnlich nicht verstehen. Die jahrhundertelange Flucht des Mannes vor der Frau und die irrigen Ansichten über die Stellung der christlichen Frau haben sich in unseren Vorstellungen und in der Tiefe unseres Herzens festgesetzt. Auch wenn wir darüber informiert sind, welche aktive Rolle Frauen in den Urgemeinden gespielt haben, hängen wir immer noch an der falschen Überzeugung, daß «seinem Selbst zu sterben», gleichbedeutend ist mit dem Verzicht auf unsere Vollmacht, zu handeln und zu sein (d.h. auf unseren kreativen maskulinen Willen). Wir laufen deshalb immer Gefahr, unser wahres Selbst in den Tod zu geben. Zumindest aber setzen wir die Ausgewogenheit des Maskulinen und Femininen in uns und unseren

Beziehungen zu Männern aufs Spiel, und ganz bestimmt versagen wir darin, uns so zu sehen, wie Jesus uns sieht.

«Es ist vielleicht kein Wunder, daß Frauen die ersten an der Krippe und die letzten am Kreuz waren. Einen Mann wie diesen hatten sie noch nie gekannt, und es würde nie wieder einen Mann wie ihn geben: einen Propheten und einen Lehrer, der nie an ihnen herumnörgelte, der ihnen nie schmeichelte, sie nie zu etwas überredete oder sie gönnerhaft behandelte, der nie Witze über sie machte, sie nie im Sinne von ‹die Frauen, Gott steh uns bei!› oder ‹die Damen, Gott segne sie!› behandelte, der sie zurechtwies ohne Nörgelei, sie lobte ohne Herablassung, der ihre Fragen und Argumente ernst nahm; der ihnen nie diktatorisch ihren Lebensbereich zuwies, sie nie drängte, feminin zu sein, oder sie auslachte, weil sie Frauen waren; der keine selbstsüchtigen Ziele verfolgte und keine unsichere männliche Würde zu verteidigen hatte; der sie nahm, wie sie waren, und zwar völlig selbstlos. Es gibt im ganzen Evangelium keine Handlung, keine Predigt, kein Gleichnis, dessen Pointe in der Darstellung weiblicher Perversität besteht; niemand konnte den Worten oder Taten Jesu entnehmen, daß irgend etwas am weiblichen Wesen komisch sei.

Aber aus den Äußerungen seiner Zeitgenossen, der Propheten vor ihm und der Kirche bis zum heutigen Tag könnte man leicht zu dem Schluß kommen, Frauen sind keine Menschen; niemand sollte glauben, sie seien es; sollen sie doch sagen, was sie wollen, wir werden es nicht glauben, selbst wenn einer von den Toten auferstanden ist.»[5]

Am andern Ende des Spektrums gibt es natürlich gleichermaßen große psychologische Gefahren – von der rigiden Unterwerfung unter die Männer bis zum extremen Feminismus. Die psychologischen und spirituellen Probleme von Frauen, die in die einengenden intellektuellen und emotionalen Strukturen einer dieser extremen Positionen eingeschlossen sind, sind gleichermaßen ernst. Obwohl beide Umfelder unterschiedliche, stark voneinander abweichende Lebensstile hervorbringen, fehlt beiden die Freiheit. Beide Extreme bringen Frauen in Knechtschaft. Frauen, die sich am jeweiligen Ende des Spektrums befinden, laufen Gefahr, ihr *wahres Selbst* in den Tod zu geben.

Ich finde es interessant, daß Dorothy Sayers, eine der ersten Frauen mit abgeschlossenem Studium an der Universität von Oxford, als Theologin, Romanautorin, Essayistin und Autorin von «Are Women Human?» («Sind Frauen Menschen?») viel zu gescheit war, sich in die Ideologie des Feminismus hineinziehen zu lassen. Sie kannte das einengende Wesen einer solchen Ideologie, wußte von ihrer Macht, nicht nur eine Kultur zu spalten, sondern auch einen Menschen, der für diese Ideologie eintritt. Die geschlechtliche Unausgewogenheit bei extremen Feministinnen stellt sich dem Betrachter als erschreckendes psychologisches Phänomen dar, und diejenigen, die darunter leiden, klammern sich oft noch daran (sogar angesichts schlimmer seelischer Leiden) und nennen es Ganzheit.

Eine heile Frau weiß darum und freut sich darüber, daß Christus das Haupt des Mannes ist und der Mann das Haupt der Frau. Sie reißt die Autorität nicht an sich (auch der Mann sollte Autorität nicht an sich reißen). Aber ein weiser Ehemann und weise Gemeindeleiter werden die erlöste, geistlich reife Frau dazu einladen, die Leitung mit ihnen zu teilen.

David Mains, ein Rundfunkpastor, drückte es während eines Gespräches, in dem extreme Lehren über die Unterordnung diskutiert wurden, folgendermaßen aus: «Der gesetzliche Mensch sagt: ‹Der Mann trägt die Verantwortung.› Er hat auch die Verantwortung dafür, wenn er die Frau nicht einlädt, Leitungsaufgaben mit zu übernehmen. Tut er es nicht, dann kommt sie als Geschöpf Gottes mit ihren Gaben überhaupt nicht zum Zuge. Freiheit und Unterordnung sind zwei Prinzipien in der Heiligen Schrift, aber die *Freiheit* ist die größere von ihnen.»

Vorherbestimmung und freier Wille, zwei scheinbar gegensätzliche Prinzipien, kommen auch beide in der Schrift vor, und doch schließt das eine das andere nicht aus. Gottes Souveränität und die Verantwortlichkeit des Menschen sind beides Realitäten. Genauso ist es mit dem Glauben und den Werken und, wie wir hier sehen, mit Freiheit und Unterordnung in bezug auf die Rolle der Frau.

Paulus schreibt von Freiheit und von Unterordnung. Bei den Schriftworten über die Unterordnung der Frau handelt es sich meist um kurze Aussagen, die leicht aus dem Zusammenhang herausgelöst werden können. Wenn wir die Freiheit der Frau verstehen wollen, eine Realität, die viel höher und deshalb wesentlich schwieriger zu definieren ist, müssen wir den ganzen Galaterbrief lesen, eigentlich das ganze Neue Testament. Indem wir darauf achten, daß nicht ein Teil der Heiligen Schrift so ausgelegt wird, daß er anderen Teilen widerspricht, können wir die Texte über Unterordnung z.B. zwei Texten aus dem Galaterbrief gegenüberstellen, und zwar Galater 3,26-28 und Galater 5. In der Heiligen Schrift gibt es fünf Gebote, die die Unterordnung betreffen: die Unterordnung gegenüber Gott (Jak. 4,7), die gegenseitige Unterordnung (Eph. 5,21), die Unterordnung unter alle menschliche Obrigkeit (1. Petr. 2,13; Röm. 13,1-7), die Unterordnung der Jüngeren unter die Älteren (1. Petr. 5,5) und die der Ehefrauen unter ihre Männer (Eph. 5,22; Kol. 3,18; 1. Petr. 3,1-6).

Wenn wir mit den Geboten der gegenseitigen Unterordnung, der unter alle menschliche Obrigkeit und der Unterordnung der Jüngeren unter die Älteren so verfahren wären, wie wir es mit der Unterordnung der Ehefrauen unter ihre Männer getan haben, dann wären wir als Leib Christi in noch größeren Schwierigkeiten, als wir es heute ohnehin sind. Es gibt nämlich übergeordnete Gesetze und übergeordnete Grundsätze, denen man gehorchen muß, die manchmal die untergeordneten Gesetze und Prinzipien aufheben. Wenn zum Beispiel ein politischer oder religiöser Führer, ein Arbeitgeber, ein Vater oder eine Mutter oder ein Ehemann etwas anordnet, was Gott verbietet, oder etwas verbietet, was Gott gebietet, dann ordnen wir uns nicht unter.

Eine Frau mit einer heilen Persönlichkeit weiß, daß es Autoritäten gibt, auf die man sich einstellen muß. Aber so wie Dietrich Bonhoeffer die Nazidiktatur in Deutschland als eine Regierung ansah, die sich ihre Autorität widerrechtlich angeeignet hatte, muß auch eine Frau sich der unterschwelligen Arten der Autoritätsanmaßung bewußt werden, wenn diese Autorität rechtmäßig der maskulinen Seite in ihr selbst zusteht und dem maskulinen Prinzip in Gott. Sie erkennt dann, daß Autorität Grenzen hat und daß übergeordnete Gesetze die untergeordneten aufheben. Sie sieht sich nicht mit den Augen derer in der Kirche, die sie irrtümlich als Teil einer Klasse betrachten; sie unterwirft sich auch nicht einer feministischen Ideologie, die ihr wieder nichts als eine Rolle innerhalb einer Gruppe zuteilen würde, sondern sie blickt auf zu Gott, um ihre wahre Identität und seine alle Grenzen überschreitende Kraft zu finden. All dies tut sie, um eine Frau nach Gottes Willen zu werden, eine Jüngerin, als die sie ja eigentlich geschaffen ist.

Die Frau hat etwas, das sehr darauf angewiesen ist, daß der Mann in seiner Rolle als Haupt handelt, so wie auch der Mann die Frau bitten muß, sich die Führung mit ihm zu teilen. Hat der Mann die Frau eingeladen, die Verantwortung mit ihm zu teilen, dann sollten beide auch Gebrauch machen von den ihnen von Gott gegebenen Gaben und ihren Möglichkeiten der Leitung. In einer Gemeinde stimmt etwas nicht, wenn es keinen Mann gibt, der in der Lage ist, die Verantwortung zu übernehmen. Dann ist da eine Krise der Maskulinität. Um eine volle und ausgewogene Befähigung zur Leiterschaft zu erlangen, braucht ein Mann die Führungsgaben und die Klugheit der Frau. Und eine Frau kann dann am echtesten eine Frau sein, wenn ein heiler Mann da ist, auf den sie sich beziehen, auf den sie reagieren kann, *während sie leitet.*

Um heil zu werden, beschließt die Frau einfach, Gott zu gehorchen. Sie gibt ihre geschlechtstypische «gekrümmte» Haltung auf und erwartet die Erfüllung ihres Seins nicht mehr von dem Mann, den sie liebt. Sie hat verstanden, daß versäumte Selbstannahme durch nicht vollzogene nötige Entwicklungsschritte, hervorgerufen durch einen Mangel an Bestätigung als Person oder als Frau, sie in geistlicher und psychischer Unreife festhält. Die Folge ist, daß sie versucht, durch ihre Partner oder einen anderen Menschen zu leben. Um ihre volle Reife in Christus zu erlangen, muß sie sich für ein ganzheitliches, heiles Frausein entscheiden, das die Männlichkeit ihres Mannes in der Ehe ergänzt und vollendet.

Wenn Mann und Frau in sich selbst einigermaßen ausgewogen sind, merken sie, daß der Kampf der Geschlechter aufhört. Sie merken, daß sie Heilung erfahren haben, nicht um jetzt getrennt voneinander zu leben, sondern um gemeinsam arbeiten, lieben und Gott anbeten zu können – als heile Menschen.

«Solange die Geschlechter nicht ein vollständiges Eheleben versöhnt hat, herrscht zwischen ihnen, insgeheim oder auftrumpfend geführt, ein Kampf. Unsererseits ist es Anmaßung, wenn wir Offenheit, Fairneß und Ritterlichkeit, wo wir sie an einer Frau antreffen, als ‹männlich› bezeichnen; es ist Anmaßung ihrerseits, das Feingefühl, den Takt oder die Zärtlichkeit eines Mannes ‹fraulich› zu heißen. Was müssen übrigens die meisten Nur-Männer und Nur-Frauen für armselige, verzerrte Bruchstücke von Menschentum sein, sollen sie die in diesen Anmaßungen enthaltenen Voraussetzungen glaubhaft machen. Die Ehe heilt das. Gemeinsam werden die beiden erst ganz menschlich. ‹Nach dem Bilde Gottes schuf er sie.› So führt uns paradoxerweise dieser Karneval der Sexualität über unsere Geschlechtlichkeit hinaus.»[6]

Anmerkungen

Einführung

1. In dem Maße, in dem die Männer die Fähigkeit verloren haben, das Feminine in ihren Töchtern in angemessener Weise zu berühren und ins Leben zu rufen, d.h. zu bestätigen, hat die Häufigkeit von Inzest zugenommen. Auf die eine oder andere Weise, angemessen oder unangemessen, berühren wir das Leben der Menschen um uns herum. Entweder bestätigen Männer in positiver Weise das Maskuline und das Feminine in ihren Söhnen und Töchtern, oder sie verneinen diese Aspekte durch ihre Unfähigkeit und ihr Versäumnis.

1. Kapitel

1. Karl Stern: The Flight from Woman, New York, Straus and Giroux 1965, S. 39.

2. Kapitel

1. Vgl. Leanne Payne: Das zerbrochene Bild, Editions Trobisch, Kehl am Rhein 1987, S. 75ff.
2. Ebenda, Kap. 3 u. 4.
3. Agnes Sanford: The Healing Gifts of the Spirit, Philadelphia, Lippincott o.J., S. 126-127.
4. Durch die Barriere der mangelnden Selbstannahme hindurchzustoßen ist nicht, wie viele meinen, eine äußerst schwierige Sache, sondern bedeutet, sich auf einen spannenden Teil unseres geistlichen Weges zu machen, denn von diesem Mangel geheilt zu werden bedeutet, im Geist zu leben. Vgl. Das zerbrochene Bild, S. 47-58.
5. George Ritchie: Return from Tomorrow, Lincoln, Virginia 1978, S. 49-50.
6. Das zerbrochene Bild, S. 13-31.

3. Kapitel

1. W.H. Lewis, Hg.: The Letters of C.S. Lewis, New York, Harcourt Brace Jovanovich 1975, S. 210.
2. C.S. Lewis: Über den Schmerz, Kösel-Verlag GmbH & Co. München. © 1978
3. Um die Versöhnungs- oder Bußgebete besser verstehen zu können, kann der Leser in der Bibel die Stellen untersuchen, die von der Versöhnung (oder Sühnung) handeln. Die Versöhnungsgebete im Alten Testament schauen auf Christus hin. Die Versöhnungsgebete, die wir heute beten, gehen von dem vollkommenen Opfer Christi zur Vergebung aller Sünde – die der Vergangenheit, der Gegenwart und der Zukunft – aus. Vgl. auch Agnes Sanford: Heilendes Licht, Kapitel 15.
4. Leanne Payne: Real Presence, Westchester, Illinois, Crossway Books 1979, S. 141.

4. Kapitel

1. Karl Stern: The Flight from Woman, S. 39.

2. C.S. Lewis: Perelandra, Claren Verlag Lüdenscheid 1981, S. 199f.
3. C.S. Lewis: Notes on the Way, Time and Tide, Nr. 29, 14. August 1948.
4. Ebenda.
5. Ebenda.
6. C.S. Lewis: Was man Liebe nennt, Brunnen Verlag Basel ^{2}1982, S. 103f.
7. Vgl. Leanne Payne: Real Presence, Kapitel 4, wo dieses Thema ausführlicher behandelt wird.
8. Ebenda, Kapitel 11.
9. C.S. Lewis: That Hideous Strength, S. 315.
10. Karl Stern: The Flight from Woman, S. 68.
11. Ebenda.
12. Elisabeth Elliot, New Covenant, Februar 1982.
13. Dr. Elizabeth Moberly in einer Unterhaltung mit Doug Houck, berichtet von Robbi Kenney, Desert Stream Newsletter, Nr. 2, März/April 1984.
14. Oswald Chambers: Mein Äußerstes für sein Höchstes, Berchtold Haller Verlag Bern 1950, S. 158.
15. C.S. Lewis: Dienstanweisung an einen Unterteufel, Freiburg i.Br., Herder 1975, S. 31.
16. Ebenda, S. 40.
17. Vgl. Leanne Payne: Real Presence, S. 89, wo C.S. Lewis zitiert wird: Letters to Malcolm: Chiefly on Prayer, New York Harcourt, Brace and World 1963, S. 49.
18. Vgl. Leanne Payne: Real Presence, S. 82, für das Zitat von C.S. Lewis: Letters of C.S. Lewis, S. 210.

5. *Kapitel*

1. Karl Stern: The Flight from Woman, S. 10.
2. John Gaynor Banks: The Master and the Disciple, St. Paul, Minnesota, Macalester o.J., S. 133.
3. Leanne Payne: Das zerbrochene Bild, Kapitel 6.
4. Karl Stern: The Flight from Woman, S. 23.
5. Ebenda.
6. Ebenda, S. 21.
7. Ebenda, S. 26.
8. Ebenda, S. 9.
9. Ebenda, S. 9-11.
10. Ebenda, S. 203.

6. *Kapitel*

1. Karl Stern: The Flight from Woman, S. 38-39.
2. Leanne Payne: Das zerbrochene Bild, S. 102ff.
3. Ebenda, S. 104f.
4. Dorothy Sayers: Are Women Human? Grand Rapids, Michigan, Eerdmans 1971.
5. Ebenda.
6. C.S. Lewis: Über die Trauer, Benziger Verlag AG Zürich 1982.